MALCOLM HILLIER

WEIHNACHTEN

MALCOLM HILLIER

WEIHNACHTEN

Die schönsten Ideen
für Festschmuck, Geschenke und Rezepte

Fotografiert von
Diana Miller

Bechtermünz Verlag

Ein Dorling-Kindersley-Buch
Originaltitel «Malcolm Hillier's Christmas»

Aus dem Englischen übersetzt von Mara Fabian.

Genehmigte Lizenzausgabe für
Bechtermünz Verlag im
Weltbild Verlag GmbH, Augsburg 1996

Gesamtherstellung: N.I.I.A.G. - Bergamo

Printed in Italy

ISBN 3-86047-117-1

INHALTSVERZEICHNIS

EINLEITUNG

Weihnachten ist das Fest, das in jedem von uns das Kind anspricht. Für mich ist es noch immer die schönste Zeit des Jahres. Als ich klein war, waren Geburtstage nichts im Vergleich zu Weihnachten. Denn Weihnachten bedeutete gleich dreierlei: schenken und beschenkt werden, wunderschönen Weihnachtsschmuck basteln und köstliche Leckereien zubereiten.

Ich mache gern Geschenke, doch trotz bester Vorsätze gelingt es mir selten, sie früh genug auszusuchen. Ich kenne zwar Leute, die gleich nach Weihnachten die Geschenke für das nächste Jahr kaufen, doch die meisten von uns neigen eher dazu, sie erst in letzter Minute zu besorgen.

Selbstgemachte Geschenke sind bei Freunden und Verwandten sehr beliebt. Und es gibt viele einfache Geschenke, die man mit etwas Vorausplanung bereits lange vor Weihnachten anfertigen kann.

Ein besonderes Vergnügen der Vorweihnachtszeit ist die Vorbereitung der Festtagsleckereien. So manches köstliche Rezept muss nämlich bereits lange vor dem Fest zubereitet werden. Saftige Likörfrüchte müssen mindestens sechs Wochen im Alkohol liegen, um ein volles, kräftiges Aroma zu erhalten. Je länger sie im Alkohol ziehen, desto besser werden sie. Daher sollte man sie so zeitig wie möglich in die Gläser füllen. Etwa um die gleiche Zeit – sechs bis acht Wochen vor Weihnachten – kann man den traditionellen englischen «Christmas Pudding» machen, damit sich sein hinreissendes Aroma von Dörrfrüchten und Weinbrand bis Weihnachten voll entwikkelt. Kurz danach sollte man den gehaltvollen, dunklen Früchtekuchen backen. Da heutzutage die meisten von uns Tiefkühlgeräte haben, lässt sich auch eine ganze Reihe süsser und salziger Gerichte schon lange im voraus zubereiten – ein gutes Mittel gegen die weihnachtliche Festtagshektik! Selbst so erlesene Leckereien wie die Schokoladentrüffeln zum Kaffee nach dem Festessen können schon früh gemacht und tiefgefroren werden. Die noch ruhige Vorweihnachtszeit sollte man auch dafür verwenden, den Schmuck für den Weihnachtsbaum und für das Haus zu kaufen oder selber zu machen. Dazu kann man ausgezeichnet Trockenblumen verwenden, die im Herbst und Win-

Festlicher Kerzenschein

Rosette

Schokoladentrüffeln

Kugelförmige Stechpalme

Stern aus Metallfolie

ter am schönsten sind. Aber auch aus frischen Blumen lassen sich wunderschöne weihnachtliche Gestecke machen.

Im Mittelpunkt der Weihnachtsdekoration muss natürlich der Weihnachtsbaum stehen. Nicht nur die Kinder, sondern auch wir Erwachsenen verfallen nach wie vor seinem Zauber. Der mit Lichtern geschmückte Weihnachtsbaum kam im 16. Jahrhundert in Deutschland auf. Es waren meist Fichten, die wenige Tage nachdem sie geschlagen sind, ihre Nadeln verlieren. Trotzdem mag ich sie: Ihr aromatischer Duft versetzt mich stets in meine Kindheit zurück und weckt in mir die Erinnerung an das sehnsüchtige Warten auf den Schnee. Heute ist die Produktion von Christbäumen ein glänzendes Geschäft, und Sorten, die nicht nadeln und einen vollen, regelmässigen Wuchs haben, sind ohne weiteres erhältlich. Obwohl diese Bäume lange halten, stelle ich sie erst drei oder vier Tage vor dem Fest auf und schmücke sie.

In meiner Kindheit war bei uns der Weihnachtsabend für das Verpacken der Geschenke reserviert. Wir waren so aufgeregt, dass wir die ganze Nacht kaum schlafen konnten. Pünktlich am nächsten Morgen erschien der Weihnachtsmann in seinem roten Gewand, um uns zu wecken. Danach wurden die Geschenke aus den am Bettpfosten aufgehängten Strümpfen geholt und fieberhaft ausgepackt. Die Geschenke unter dem Weihnachtsbaum durften allerdings erst am Nachmittag nach dem Anschneiden des Weihnachtskuchens ausgepackt werden. Als wir dann grösser waren, wurde das Festessen auf den Abend verlegt. So konnten wir alle zusammen morgens in die Kirche gehen. Danach gab es ein leichtes Mittagessen, und anschliessend konnten wir uns in aller Ruhe auf das Fest vorbereiten. Jedes Jahr gab es abwechselnd eine gebratene Gans oder einen grossen Rinderbraten – meine Mutter zog dies früher dem weniger schmackhaften Truthahn vor. Der Höhepunkt des Festessens aber waren die Nachspeisen, von denen es mindestens vier gab – zuerst immer etwas vom «Christmas Pudding» mit Brandy-Butter und zum Schluss ein erfrischendes Kompott aus karamelisierten Orangen.

Detail eines immergrünen Gestecks

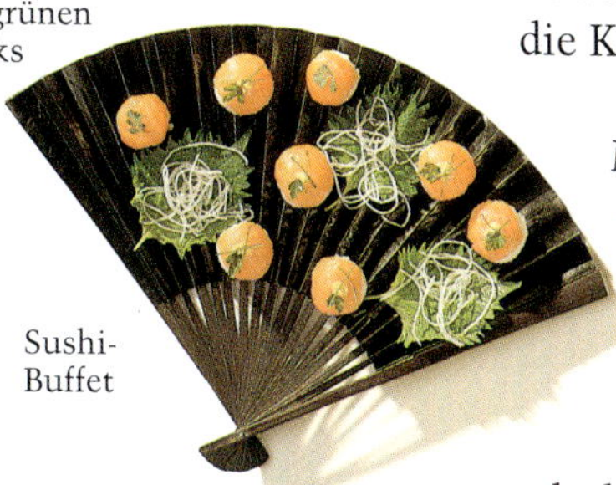

Sushi-Buffet

Gebildbrot

Potpourri

Orchideengesteck

ERSTE VORBEREITUNGEN

Es fordert Willenskraft, schon zwei Monate vor Weihnachten mit den Vorbereitungen der Geschenke, der Dekorationen und der Leckereien für das Fest anzufangen. Aber es lohnt sich. Die Tatsache, dass manches bereits fertig und der Rest gut geplant ist, nimmt den Tagen vor Weihnachten einiges von ihrer Hektik. Jetzt hat man noch genügend Zeit, in aller Ruhe originelle Geschenke anzufertigen – Potpourris, bunten Papierschmuck, Kerzen, Trockenblumengestecke, köstliche Likörfrüchte, «Christmas Puddings» und den prächtigen Weihnachtskuchen.

Trockenblumengesteck in warmen Farben
Ein Strauss aus bemoosten Lärchenzweigen, Gräsern, dunkelroten Rosen und Lampionblumen, deren Blasenkapseln zu Blüten aufgeschlitzt wurden, steht auch ohne Vase aufrecht. Eine mit Goldfarbe besprühte Kordel hält ihn zusammen. Daneben liegen vergoldete Granatäpfel.

Duftende Geschenke

Duftkissen und -beutel sind wunderhübsche Weihnachtsgeschenke, besonders wenn sie aus kostbaren, festlich schimmernden Stoffen wie Samt oder Brokat gearbeitet werden. Sie sind ganz einfach herzustellen. Aber man kann auch fertige Kissenbezüge kaufen und mit einem Potpourri gefüllte Beutel zwischen den Bezug und die Füllung legen. Auch mit würzigen Duftkugeln aus Zitrusfrüchten – ebenfalls einfach herzustellende Geschenke – kann man ein Zimmer parfümieren. Ihr exotischer Duft hält jahrelang.

Duftkissen

Ein flacher Musselinbeutel wird mit einem guten Potpourri gefüllt und an die Innenseite eines Kissenbezugs geheftet, um das Kissen mit einem zarten Duft zu versehen. Das Potpourri kann von Zeit zu Zeit erneuert werden.

Gläserne Duftkugeln

Das Schöne an diesen Duftkugeln ist, dass der Duft des Potpourris darin länger anhält als in einem offenen Behälter und dass man es durch das Glas auch sieht. Die Mischung besteht aus duftenden Rosenblättern, Blüten und Gewürzen.

Mit Rosen besteckte Duftkugel

Eine mit einem Rosen-Potpourri prall gefüllte Musselinkugel ist mit gelben, hell- und dunkelroten Rosen besteckt. Damit die Rosen nicht ausbleichen, sollte man die Duftkugel nicht direkter Sonne aussetzen.

Zitrus-Duftkugeln

Diese köstlich nach Nelken und Zitrusschalen duftenden Kugeln sind ganz einfach zu machen (siehe Seite 32).

Duftende Quaste

Als ich einmal eine alte Quaste ausbessern musste, habe ich sie mit einem Löffel voll duftendem Rosmarin-Potpourri gefüllt und sie so parfümiert.

Duftbeutel

Um Duftbeutel herzustellen, legt man entweder etwas Potpourri-Mischung in die Mitte eines kreisförmigen Stoffstückes und rafft dieses mit einem Band zusammen, oder man näht Minikissen mit paspelierten Rändern, die man anschliessend füllt.

Potpourris

Wohlriechende Potpourris sind wunderbare Geschenke. Mischen Sie doch einmal aus frischen Blüten Ihre eigenen trockenen oder feuchten Potpourris. Sie haben einen sehr viel unaufdringlicheren und zarteren Duft als die gekauften. Potpourris von früher haben nie einen so starken Duft verströmt wie diejenigen, die man heute kaufen kann. Warum sollten sie auch? Bereits ein zarter Geruch nach Blumen und Gewürzen genügt, um einem Raum einen ganz besonderen, unaufdringlichen Charme zu verleihen.

Weihnachts-Potpourri

(Feuchte Methode)

1 l angewelkte dunkelrote Rosenblütenblätter
300 g grobes Salz
250 ml Efeublätter
250 ml getrocknetes Moos
125 ml Samenkapseln von Jungfer im Grünen (Nigella orientalis)
20 kleine Tannenzapfen
4 EL Wacholderbeeren, leicht zerdrückt
2 EL frische oder getrocknete Pfefferminze
2 EL gemahlener Zimt
2 EL Benzoeharz
4 Tropfen Zitronengeranienöl
3 Tropfen Fichtennadelöl
2 Tropfen Rosenöl

Potpourri aus blauen Blüten

(Trockene Methode)

1 l getrocknete blaue Blüten, wie Rittersporn und Hortensien
500 ml getrocknete Melissenblätter
250 ml getrocknete Eukalyptusblätter, -blüten und -samen
250 ml Eichenmoos
2 EL Veilchenwurzelpulver
4 Tropfen Nelkenöl

Trockene Methode

Ein trocken gemischtes Potpourri ist ansehnlicher als ein nach der feuchten Methode hergestelltes. Allerdings ist sein Duft nicht ganz so stark. Man mischt getrocknete Blütenblätter, getrocknete Kräuter und Gewürze mit einigen Tropfen ätherischem Öl und einem Fixativ wie Vetiver, Veilchenwurzelpulver, Benzoeharz, Tonkabohnen oder Myrrhenharz. In ein luftdicht schliessendes Schraubglas geben und acht Wochen lang jeden Tag schütteln, damit sich die Aromen vermischen.

Spätsommer-Potpurri

(Trockene Methode)

500 ml getrocknete gelbe Rosenblütenblätter
250 ml getrocknete Ringelblumen
250 ml getrockneter Hopfen
1 EL Veilchenwurzelpulver
4 Tropfen Rosenöl
4 Tropfen Bergamotteöl

DUFTHÖLZER-MISCHUNG

(Trockene Methode)

2 1/2 l kleine Zapfen, Kiefernnadeln, Sternanis, Zimtstangen, Muskatnüsse, getrocknete Eichenblätter, getrocknete Hagebutten, Samenkapseln von Jungfer im Grünen
2 EL gemahlene Gewürznelken
2 EL gemahlener Zimt
2 EL Tonkabohnen
4 Tropfen Zedernholzöl
4 Tropfen Vetiveröl

ROSENPOTPURRI

(Feuchte Methode)

2 l angewelkte Blütenblätter von roten und rosa Rosen
300 g grobes Salz
3 EL getrocknete Zitronenschalen
1 EL gemahlene Gewürznelken
1 EL gemahlener Ingwer
2 EL Benzoeharz
2 EL brauner Rohrzucker
4 Tropfen Rosenöl
4 Tropfen Rosengeranienöl

FEUCHTE METHODE

Wenn das Potpourri einen starken Duft haben soll, muss es nach der feuchten Methode hergestellt werden: Die Rosenblütenblätter auf Zeitungspapier ausbreiten und drei Tage welken lassen. Abwechselnd mit grobem Salz in ein Schraubglas schichten. Nach zehn Tagen die Gewürze, die ätherischen Öle und Fixative zufügen. Das Glas verschliessen und acht Wochen lang jeden Tag schütteln. Das fertige Potpourri entweder in ein mit Löchern versehenes Potpourri-Gefäss geben oder mit hübschen getrockneten Blüten und Blättern belegen.

Feurige Früchte

Der Gedanke an Weihnachten ruft verschiedene Vorstellungen wach: den grünen Kranz an der Haustür, den geschmückten Tannenbaum, weihnachtliche Leckereien, Kerzenlicht, Kaminfeuer, aus dem Schornstein eines Bauernhauses inmitten schneebedeckter Felder aufsteigender Rauch. Leider gibt es nicht immer Schnee zu Weihnachten, aber andere Wunschträume lassen sich sehr wohl verwirklichen. So kann man das Heim mit vielen Kerzen schmücken. Ihr wunderschönes, sanftes Licht erzeugt eine ganz eigene Stimmung. Kerzen bieten ein freundliches Willkommen, sie verbreiten Wärme und wecken Vorfreude auf das kommende Fest. Ein Arrangement von Fruchtkerzen und richtigen Früchten in einem hübschen Weidenkorb ist ein ungewöhnlicher Schmuck, der sich auch gut zum Verschenken eignet. Eine Variante ist ein Korb, gefüllt mit Eiern und Kerzen in Eiform.

Man benötigt

28 ml Speiseöl
4 Fruchtformen
1 grosse Stopfnadel
4 Kerzendochte, 25 cm lang
4 Pappquadrate, 13 cm Seitenlänge
4 Gläser
4 Holzstäbchen
570 g Paraffinwachs
Speisethermometer
orange, gelbe und grüne Farbe
einige Tropfen Citronellaöl
Weidenkorb
Orangen, Zitronen, Trauben

FRÜCHTEKERZEN GIESSEN

1 Das Innere einer Kunststoffform ölen. Den Docht in die Stopfnadel fädeln. Die Spitze der Form von innen durchstechen. Den Docht durchziehen und 2,5 cm an der Spitze und 10 cm am offenen Ende der Form überhängen lassen.

2 Die Pappquadrate zu Manschetten schneiden, um die Formen über dem Glas zu halten. Das Dochtende straff um ein Holzstäbchen wickeln. Das Wachs auf 80 °C erhitzen. Die Farbe und das Citronellaöl einrühren. Das flüssige Wachs in die Form giessen. Nach einer halben Stunde etwas Wachs nachfüllen.

3 Nach dem Erkalten die Form von der Kerze abziehen. Den Docht am Ende abschneiden und an der Kerzenspitze auf 1 cm stutzen. Die fertigen Kerzen zusammen mit richtigen Früchten in einem Korb hübsch anordnen.

FRÜCHTEKORB

Machen Sie einen aussergewöhnlichen Tischschmuck: Füllen Sie einen Korb mit Zitronen, Orangen, Äpfeln und Trauben, davon einige in Form von Kerzen. Von jeder Sorte mehrere Kerzen giessen, damit die heruntergebrannten ausgewechselt werden können und der Korb immer wieder dekorativ aussieht.

Tanz der Kerzen

Eine Flottille bunter Duftkerzen, die in einer Glasschale funkelnd auf dem Wasser tanzen, ist ein hinreissender Tafelschmuck. Blüten und Blätter geben diesem Arrangement den letzten Schliff. Ein hübscher Schmuck für die Fensterbank sind Kerzen in Blumentöpfen oder in hohen Gläsern. Giessen Sie die Kerzen schon lange vor den Festtagen; alles was dann zu tun bleibt, ist, sie am Weihnachtstag nur noch aufzustellen und anzuzünden.

Feuer und Wasser

Kerzen scheinen noch heller zu leuchten, wenn sie auf dem Wasser schwimmen, besonders wenn mehrere in einer klaren Glas- oder Kristallschale angeordnet sind, denn ihre Flammen spiegeln sich im Glas und im Wasser. Kurze und kugelförmige Kerzen schwimmen am besten.

Kerze im Blumentopf oder im Glas

Man benötigt

1 Blumentopf aus Ton oder 1 hohes Glas
570 g Paraffinwachs
1 Docht
1 Holzstäbchen oder Bleistift
1 Speisethermometer
Farb- und Duftzusätze

Kerzen im Glas

Verwenden Sie hohe Trinkgläser für diese Kerzen aus zwei bis drei verschiedenfarbigen Wachsschichten. Sie erhalten so dekorative und standsichere Lichter für den Tisch, den Kaminsims oder das Regal. Dabei muss man jede Wachsschicht erst festwerden lassen, bevor die nächste gegossen wird.

Kerzen giessen

Der Docht muss immer erst mit Wachs getränkt werden. Er darf nicht zu dick sein, sonst raucht die Kerze.

1 *Einen Docht, etwa 2,5 cm länger als die Kerzenform, an einen Bleistift oder an ein Holzstäbchen binden, mit flüssigem Wachs tränken, glattziehen und festwerden lassen.*

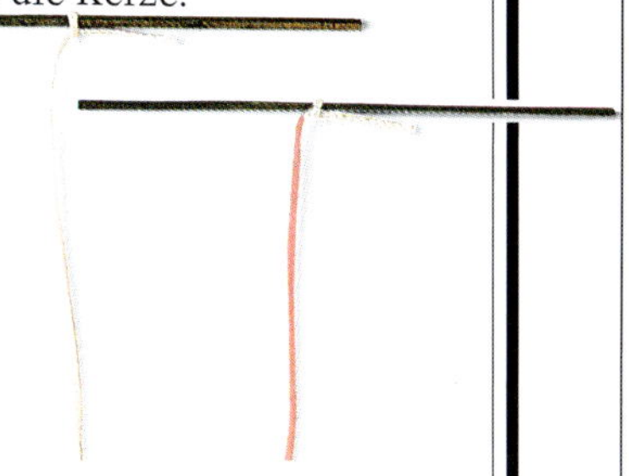

2 *Den Docht in die Form hängen, so dass er gerade den Boden berührt. Das Wachs auf 80 °C erwärmen und die Farb- und Duftzusätze einrühren. In die Form giessen. Nach dem Festwerden den Docht auf 1 cm Länge stutzen.*

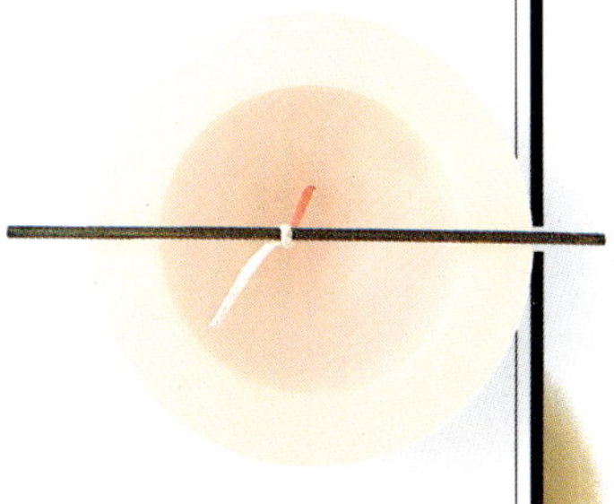

Trinkglas mit verschiedenfarbigen Wachsschichten

Blumentopfkerzen

Gebrauchte Blumentöpfe aus Ton geben ausgezeichnete Behälter für Kerzen ab. Bevor sie mit Wachs ausgegossen werden, müssen sie jedoch gründlich gesäubert und ihre Abzugslöcher mit Kitt oder Plastilin verklebt werden. Tränken Sie den Docht mit Ihrem Lieblingsduft, um die Kerze zu parfümieren.

Blumentopf aus Ton

Gemustertes Seidenpapier

Das meiste in den Geschäften erhältliche Geschenkpapier ist sehr teuer und oft auch ziemlich langweilig. Daher mache ich es mir lieber selbst, und zwar aus einfachem Seidenpapier. Es ist preiswert, man bekommt es in vielen leuchtenden Farben, und man kann es leicht verzieren. Besonders gern mag ich goldene und silberne Muster. Sie glitzern und glänzen unter dem Weihnachtsbaum und lassen die eingewickelten Geschenke besonders verlockend aussehen. Prächtig verpackt und mit festlichen Schleifen geschmückt (siehe Seite 96–97), sehen selbst die einfachsten Geschenke sehr kostbar aus.

Schablonierte Muster

Zartfiedrige Geranienblätter und grosse Paranüsse dienen hier als Schablonen für gemustertes Seidenpapier. Man kann aber auch die verschiedensten anderen Formen verwenden. Man legt sie aufs Papier und sprüht goldene, silberne oder eine andere Farbe darüber. Es können auch mehrere Farben gleichzeitig verwendet werden.

Seidenpapiermuster

Mit Farbspray sollte nur im Freien gearbeitet werden. Legen Sie das Seidenpapier dazu in einen grossen Pappkarton.

Gefälteltes Papier

1 Einen Bogen Seidenpapier fälteln, in einen Pappkarton legen und von der Seite her so mit Silberspray besprühen, dass nur die Faltenränder eingefärbt werden.

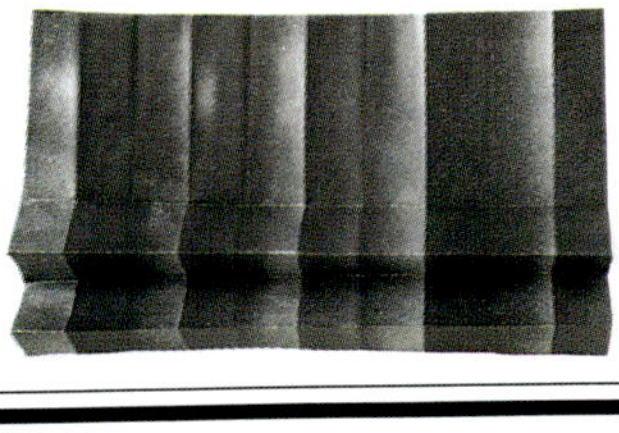

2 Nach dem Trocknen den Bogen glätten und im rechten Winkel zu den ersten Falten wieder fälteln. Nochmals mit Farbe besprühen.

Besondere Effekte

1 Das Seidenpapier in unregelmässigen Abständen eindrehen und locker zusammenknüllen.

2 Kurz und unregelmässig mit Farbe besprühen. Trocknen lassen und wieder glätten.

Geometrische Muster

Besondere Effekte erzielt man auf Seidenpapier mit regelmässigen und unregelmässigen Farblinien (siehe Kasten unten links). Je nach Farbwahl wirken Sie dezent oder fröhlich-bunt.

Knitterpapier

Seidenpapier, locker zusammengedrückt und mit Metallicfarben besprüht, bekommt eine interessante Struktur. Das schwarze Papier wurde einfach zerknittert und sparsam mit Goldspray besprüht, das rote Papier wurde erst an einigen Stellen zusammengedreht und anschliessend besprüht (siehe Kasten unten links).

WEIHNACHTSGIRLANDEN

ES GEHÖRT EINFACH ZU WEIHNACHTEN, dass das Haus festlich geschmückt ist. Der Weihnachtsbaum verbreitet immer Stimmung, vor allem abends, wenn seine funkelnden Kerzen den Raum erleuchten. Aber auch duftende Blumengestecke als Blickfang beleben einen Raum. Kommen zu diesem Schmuck noch originelle, bunte Papierketten hinzu, wirkt der Raum wie verwandelt – zwar nicht durch Magie, aber durch emsige Arbeit. Es macht grossen Spass, Papiergirlanden zu basteln, denn alle können dabei helfen. Die hier gezeigten Ketten und Girlanden sind ganz einfach herzustellen und können schon lange vor dem Fest gemacht werden.

STERNENKETTE
Mit Hilfe der Schablone auf Seite 116 wird eine Kette von Sternen aus grüner Metallfolie ausgeschnitten.

LORDS UND LADIES
Die Schablone für diese Kette (siehe Seite 116) ist so raffiniert, dass in einer Reihe abwechselnd männliche und weibliche Figürchen tanzen. Falls die Kette von beiden Seiten einsehbar sein soll, müssen vor dem Ausschneiden zwei Bogen Buntpapier gegeneinandergeklebt werden. Dazu dünnes Papier verwenden, da dickeres schwierig zu falten und auszuschneiden ist.

BLUMENGIRLANDE
Aus Seidenpapier 22 etwa 10 cm grosse Quadrate mit einer Zackenschere ausschneiden und zu Blüten falten. Diese werden etwas zerknittert, damit sie Struktur bekommen, dann wieder gerade gezogen und auf eine 120 cm lange Gold- oder Silberkordel aufgefädelt. Mit feinem Draht das untere Ende fest umwickeln und die Blütenkelche umstülpen, so dass das umwickelte Ende nach innen zu liegen kommt.

Jakobsleiter

Für diese einfache Kette eignet sich am besten Kreppapier in Kontrastfarben. Zwei lange, etwa 2,5 cm breite Streifen schneiden. Die Enden der beiden Streifen im rechten Winkel aufeinanderkleben und die Streifen im Wechsel übereinanderfalten, so dass eine «Ziehharmonika» entsteht. Diese auseinanderziehen. Man kann beliebig viele Ketten aneinanderkleben.

Gliederkette

Dies ist eine Kette mit gedrehten Gliedern, in denen sich das Licht besser fängt (siehe Seite 69). Dazu werden zwei verschiedenfarbige Bögen Papier gegeneinandergeklebt.

Exotische Papierblumen

Blumen aus Seidenpapier, dünnem Karton und Kreppapier in leuchtenden oder zarten Farben sehen schwieriger herzustellen aus, als sie es tatsächlich sind. Für die grossen Blüten habe ich kräftige Farben gewählt, für die Rosen orange-, pfirsich- und aprikosenfarbene Töne und für die Glockenblumen zarte Pastellfarben – Farben, die den Formen der Blüten entsprechen.

Glockenblumen

Diese Blüten wirken besonders hübsch in zarten Farben. Man bastelt sie aus farbigem Karton, die Staubgefässe sind aus Seidenpapier. Zum Aufhängen befestigt man einen feinen Draht an den Staubgefässen und zieht ihn durch die Blütenglocke.

Poppige Blüten

Für diese extravaganten Pfingstrosen verwendet man Seidenpapier in leuchtenden Farben. Die Blüten werden mit einer grünen Krause versehen.

Man benötigt

Bindedraht
Pfingstrosen
3 Streifen Seidenpapier, 51 × 38 cm
Glockenblumen
2 Streifen Karton, 14 × 7,5 cm und 10 × 6,5 cm
1 Streifen Seidenpapier, 4 × 9 cm
Papierklebstoff
Rosen
10 Streifen Kreppapier, 10 × 7,5 cm

Kreppapierrosen

Für jede Rose mit Hilfe der Schablone (siehe Seite 116) je fünf innere und äussere Blütenblätter ausschneiden. Die Blütenblätter zusammenfassen und mit feinem Draht zusammenbinden. In kräftigen Farben sehen die Rosen hinreissend aus. Bei der Farbwahl kann man sich an der Natur orientieren oder der Phantasie freien Lauf lassen.

Glockenblumen und Pfingstrosen

Schmücken Sie mit diesen Papierblumen Geschenke oder auch den Tannenbaum. Sie verwelken nicht.

Glockenblumen

1 Schablonen nach der Zeichnung auf Seite 116 anfertigen und aus Karton je einen Blütenkelch mit einem Durchmesser von 7 cm und 5 cm sowie einen 7,5 cm langen Streifen aus Seidenpapier für die Staubgefässe ausschneiden und an einem Ende in dünne Streifen schneiden.

2 Die äusseren und die inneren Blütenblätter entlang der gestrichelten Linien falzen und jeweils mit der Lasche innen zu einem Kelch zusammenkleben.

3 Den kleinen Blütenkelch mit einem Tropfen Klebstoff in den grösseren kleben. Zum Schluss das nicht eingeschnittene Ende des Seidenpapierstreifens rollen und in die Blüte kleben.

Pfingstrosen

1 Buntes Seidenpapier in 1 cm tiefe Falten legen, knittern und zu dünnen Rollen drehen, dabei ist Unregelmässigkeit erwünscht.

2 Mit einer Zackenschere die Rollen in 7,5 cm lange Stücke schneiden. Aus feinem Bindedraht Aufhänger machen.

3 Die Enden von mehreren Papierröllchen mit dem Aufhängedraht zusammenbinden. Das zusammengerollte Papier zu Blütenblättern auseinanderzwirbeln.

Waldstilleben

Aststücke, Kiefernzapfen, Papierschleifen, rotgefärbtes Islandmoos und Tannenzweige sind in einem Gesteck vereint, dessen Zusammenstellung grossen Spass macht und das überdies preiswert und ganz einfach herzustellen ist. Im Gegensatz zu einem Gesteck aus frischen Blumen verwelkt es nicht. Waldpflanzenmaterial ergibt reizvolle Gestecke, denn Rinde, Zweige, Zapfen und Laub haben effektvolle Formen. Da sie in der Natur nebeneinander vorkommen, sehen sie auch zusammen in einem Arrangement gut aus. Die Papierbänder in diesem Gesteck sollten eine rauhe Struktur haben, um sich dem spröden Material anzupassen; ein Seidenband wäre hier unangebracht. Trockengestecke wirken in Glasbehältern besonders schön. Man möchte meinen, dass glänzendes Glas nicht zu rauhem Pflanzenmaterial passt. Wenn aber das Gefäss mit Moos, Hölzern, Rinde, Blättern, Blütenblättern, getrockneten Baumschwämmen oder Ingwerwurzeln gefüllt ist, verstärkt der Behälter noch die Wirkung des Gestecks, und der Gesamteindruck ist einfach spektakulär.

Man benötigt

2 Blöcke Steckmasse, 23 × 11 × 8 cm
etwas Kittmasse
Blumenigel oder Steckhalter
Messer
3 grosse Handvoll rotgefärbtes Islandmoos
35 Zweige, je 25 cm lang
1 quadratischer Glasbehälter, 20 × 20 cm
3,5 m Papierband
6 grosse Pinienzapfen
Klebstoff
mittelstarker Blumendraht
7 Edeltannenzweige

Arbeitsanleitung

Die trockene Steckmasse zuschneiden, damit sie so in den Behälter passt, dass an den Seiten noch ein 2 cm grosser Zwischenraum bleibt, und mit Steckhaltern und Kitt am Gefässboden fixieren. Mit dem Messerrücken das Islandmoos und einige Zweigstücke so in die Zwischenräume stopfen, dass die Steckmasse ganz verdeckt wird. Die restlichen Zweigstücke mit Papierbändern parallel oder im Winkel zu interessanten Formen zusammenbinden, dabei die Enden der Bänder lang lassen. Pinienzapfen auf die Enden der Zweigstücke aufkleben oder andrahten und in die Steckmasse stecken. Mit Edeltannenzweigen ausschmücken und die Bandenden dekorativ auseinanderziehen.

Spektakuläre Wirkung

Mit seinen dramatischen, kantigen Umrissen und dem sprühenden Farbkontrast zwischen Bändern und Tannengrün hat dieses Trockengesteck einen ungemeinen optischen Reiz.

Handbemalte Kerze

Ich habe diese aprikosenfarbene Kerze mit Plakatfarben bemalt, die die Farben des Gesteckes wieder aufnehmen. Die Farben werden verdünnt und mit einigen Tropfen Geschirrspülmittel verrührt, damit sie auf der Kerze haften. Die Muster können freihändig oder mit einer Schablone aufgebracht werden.

Füllhorn

Wandgehänge haben viel für sich. Da sie flach aufliegen, beanspruchen sie wenig Platz. Trotzdem können sie sehr eindrucksvoll sein, besonders wenn sie eine ungewöhnliche Form haben. Wie bei einem Gemälde sind die verschiedensten Formen möglich – Girlanden, Säulen, Paneele, Füllhörner, Körbe, ja selbst hängende Weihnachtsbäume (siehe Seite 60–61).

Das Füllhorn ist ein Symbol des Überflusses, deshalb muss es bis zum Rand mit vielen bunten Blumen und Früchten gefüllt werden. Man kann das Füllhorn, wie auch jedes andere Gebilde, aus frischem oder getrocknetem Pflanzenmaterial herstellen. Aus frischem Material darf das Gebilde erst kurz vor dem Aufhängen, aus Trockenmaterial kann es bereits lange vor dem Fest gemacht werden. Es muss dann allerdings trocken und vor allem dunkel aufbewahrt werden, damit die Farben nicht verblassen.

Man benötigt

2 Stücke Maschendrahtgeflecht, 71 × 46 cm
Drahtschere
8 Handvoll getrocknetes Moos
Bindedraht
70 getrocknete Blütenstände von Goldgarbe
60 getrocknete rote Rosen
14 Stiele getrockneter rosa Rittersporn
12 getrocknete Hortensien
10 getrocknete Samenstände von Jungfer im Grünen
Blumendraht
7 goldbesprühte Granatäpfel
1 m Papierband
1 Bilderhaken

Arbeitsanleitung

Die beiden Stücke Maschendrahtgeflecht in Form eines Füllhorns zurechtschneiden. Eine 1,5 cm dicke Moosschicht dazwischenlegen und die beiden Drahtgeflechtstücke mit Bindedraht zusammenheften. Kurze Drahtstücke an einigen Stellen durch Drahtgeflecht und Moos stecken, um dieses so zu fixieren, dass es nicht verrutscht. Die Blumen und Samenstände falls nötig andrahten oder direkt in das Moos stecken. Leichte Blüten können angeklebt werden. Je einen mittelstarken Blumendraht in die Zeitungspapierfüllung der Granatäpfel führen und diese in das Füllhorn stecken. Schleifen aus Papierband binden (siehe Seite 96–97), andrahten und damit das Füllhorn garnieren. Da solche Wandgehänge überraschend leicht sind, genügt zum Aufhängen ein einfacher Bilderhaken.

Vergoldete Granatäpfel

Granatäpfel kann man mit Goldspray und Zucker verschönern.

1 *Ein 4 cm grosses Loch von unten in den Granatapfel schneiden und mit einem Löffel die Kerne herauskratzen. Den Granatapfel mit Zeitungspapier ausstopfen, damit die Feuchtigkeit absorbiert wird, und ihn an einem warmen Ort trocknen lassen.*

2 *Nach dem Trocknen den oberen Teil des Granatapfels mit Goldspray besprühen und noch feucht mit etwas Kristallzucker bestreuen.*

Farbe für ein ganzes Jahr

Dieses mit Blüten in warmen Farben reichbesteckte Füllhorn ist das ganze Jahr über ein dekorativer Wandschmuck. Je nach Jahreszeit kann man es mit den verschiedensten Blüten und Früchten füllen.

Pfingstrosen-Granatäpfel-Kranz

Das Schöne an Kränzen aus getrockneten Blumen ist, dass man sie in aller Ruhe schon lange im voraus binden kann. Wenn die Kränze nicht allzu weihnachtlich sind, können sie monatelang eine Tür oder eine Wand schmücken. An der Luft getrocknete Blüten von Rittersporn, kleinblumige Rosen, Pfingstrosen, Strohblumen und Goldgarbe sowie die meisten in Silikagel getrockneten Blüten verändern kaum ihre Farbe, solange sie nicht sehr hell gestellt oder direkter Sonne ausgesetzt werden. Ich mische besonders gern rote und rosafarbene Töne, denn sie verleihen einem Arrangement besonders viel Leben. Durch Zufügen von grünem Laub wirken die Blütenfarben noch frischer und lebhafter. Mit Vorliebe verwende ich präparierte Efeublätter, die beim Floristen erhältlich sind. Sie werden mit Glyzerin und einer Farblösung getränkt und behalten unbegrenzt ihre frische grüne Farbe.

Weidenkränzchen
Ein mit konservierten Efeublättern, getrockneten, leuchtendgelben Strohblumen, getrockneten roten Röschen, rot- und goldfarben bemalten Zapfen und Holzäpfeln geschmückter Weidenkranz.

Das Haltbarmachen von Blüten

Gefüllte Blüten, die sich nicht zum Trocknen an der Luft eignen, können in Silikagel getrocknet werden.

1 Einen luftdicht verschliessbaren Behälter zur Hälfte mit Silikagel füllen. Die Blüte andrahten und hineinlegen.

2 Mit einem Löffel sorgfältig Silikakristalle über und zwischen die Blütenblätter streuen, bis die Blüte vollständig bedeckt ist. Den Behälter luftdicht verschliessen. In etwa zwei Tagen ist die Blüte getrocknet.

Man benötigt

Grünes Blumenband
1 Kranz aus Schaumstoff, 31 cm Durchmesser
5 goldbesprühte Granatäpfel (siehe Seite 26)
Heissklebepistole
5 Handvoll Moos
dunkelgrüne Sprühfarbe
1,20 m Stoffschlauch, mit Watte ausgestopft
7 gedrahtete Hortensienblüten, eingefärbt und in Glyzerin konserviert
2 getrocknete und gedrahtete Pfingstrosen
18 Sträusschen getrocknete und gedrahtete rote und rosa Röschen
20 gefärbte, in Glyzerin konservierte und gedrahtete Efeubüschel
1 Stoffschlaufe zum Aufhängen

Arbeitsanleitung

Den Kranz mit grünem, selbstklebendem Blumenband umwickeln. Den Schaumstoff dort etwas eindrücken, wo die Granatäpfel plaziert werden sollen, und diese mit Hilfe einer Heissklebepistole festkleben. Das Moos mit dunkelgrüner Farbe besprühen. Nach dem Trocknen damit den Kranz bekleben, um ihm ein natürliches Aussehen zu geben. Den Stoffschlauch in einigen Windungen um den Kranz legen und festbinden. Die grossen Blüten anbringen und die kleinen in die Windungen des Schlauchs stecken. Danach die Efeublätter anstekken und zuletzt die Stoffschlaufe als Aufhänger an der Rückseite des Kranzes befestigen.

Früchte und Blüten

Goldbesprühte Granatäpfel stecken zwischen Efeu und getrockneten Blüten. Farbensprühende Rosen und Pfingstrosen drängen sich an die Früchte und vermitteln so ein Bild von Üppigkeit und Überfluss.

GEBILDBROT

MAN SAGT, DASS BROT immer auf die Butterseite fällt. Doch diese dekorativen Brotgebilde werden nie das kleinste Butterflöckchen sehen. Ihr Platz ist an der Wand, wo sie jahrelang hängen können. Dekorative, aber nicht zum Verzehr geeignete Gebildbrote aus Salzteig sind nicht nur in Skandinavien, sondern auch bei uns beliebt. Man kann sie in den verschiedensten Formen machen – als zierlichen Baumschmuck oder als grossartigen Wandschmuck in Gestalt von Körben, Herzen oder Kränzen. Man kann sie aber auch aus essbarem Hefeteig backen – was sie dann an Geschmack gewinnen, verlieren sie allerdings an Form.

SALZTEIG
340 g Mehl
270 g Salz
4–5 Tropfen Speiseöl
Gewürznelken und Zwiebelschalen
Verquirltes Eiweiss zum Bestreichen

Aus Mehl, Salz, Öl und Wasser einen festen Teig kneten. Ein Drittel des Teigs (den Rest zudecken) 6 mm dick ausrollen und eine Korbform ausschneiden. Auf ein mit Backtrennpapier ausgelegtes Blech legen. Den restlichen Teig zu Blumen, Früchten und Flechtwerk für den Korb und den Griff formen. Mit Wasser auf die Grundform kleben. Mit Stielen aus gedrehten Zwiebelschalen versehen und mit Nelken bestecken. Mit Eiweiss bestreichen und bei 110 °C 8 Stunden backen, bis das Gebildbrot goldbraun und vollständig getrocknet ist.

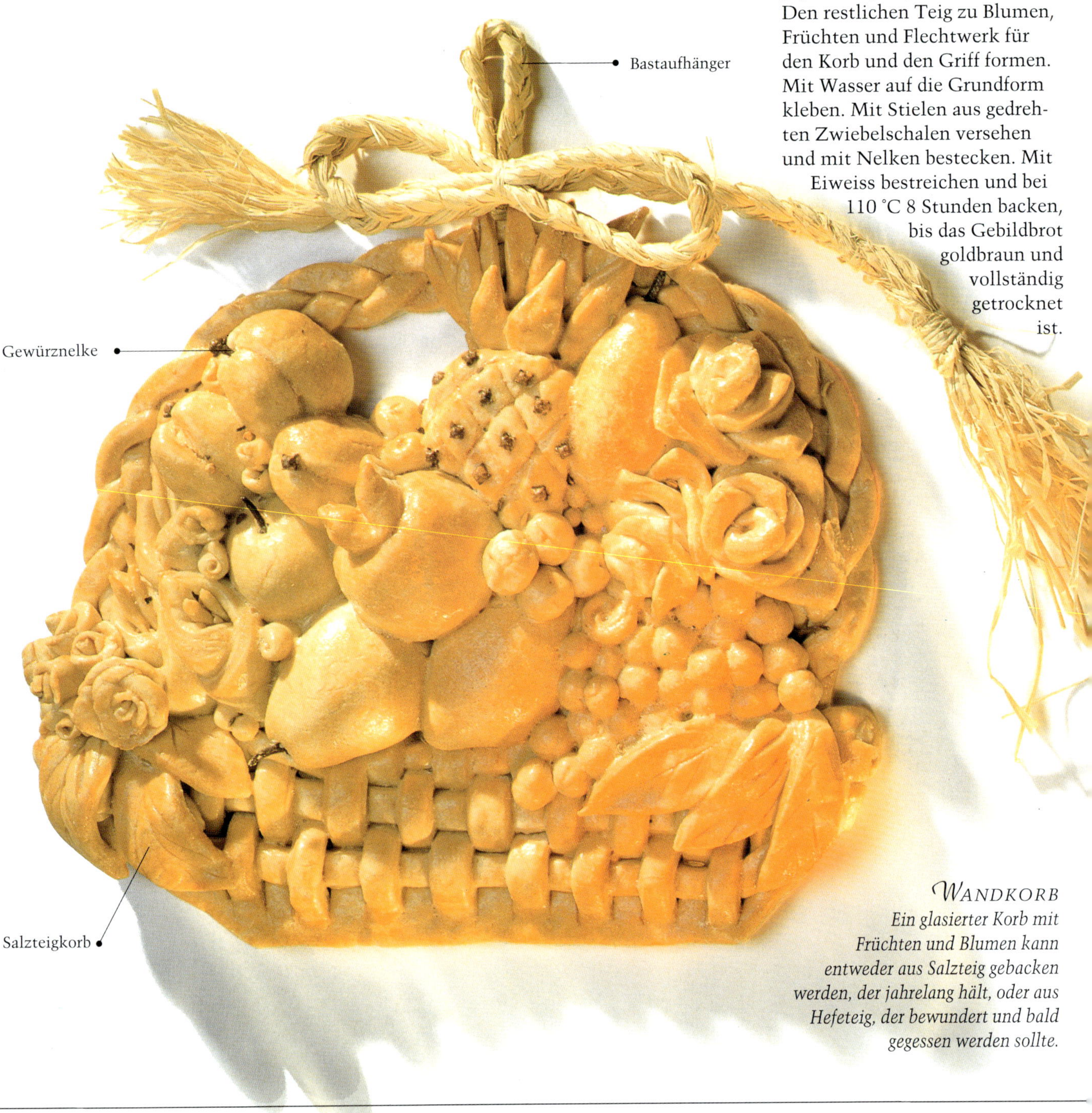

WANDKORB
Ein glasierter Korb mit Früchten und Blumen kann entweder aus Salzteig gebacken werden, der jahrelang hält, oder aus Hefeteig, der bewundert und bald gegessen werden sollte.

Einfaches Weissbrot
1 EL Trockenhefe
475 g lauwarmes Wasser
680 g Mehl
1 EL Salz
Zwiebelschalen zum Verzieren
Verquirltes Eigelb zum Bestreichen

Die Hefe in 4 EL lauwarmem Wasser auflösen. In einer grossen Schüssel das Mehl mit dem Salz vermischen. Die aufgelöste Hefe und das restliche Wasser zufügen und alles zu einem elastischen, festen Teig verkneten. Etwa 1 bis 1¹/₂ Stunden gehen lassen, dann nochmals durcharbeiten. Wie den Salzteig zu einem Korb formen, dabei beachten, dass der Teig beim Aufgehen leicht seine Form verändert. Eine Lederschlaufe als Aufhänger einstecken. Auf ein mit Backtrennpapier ausgelegtes Blech setzen und weitere 15 Minuten gehen lassen. Mit Eigelb bestreichen und bei 180 °C in etwa 35–45 Minuten goldbraun backen.

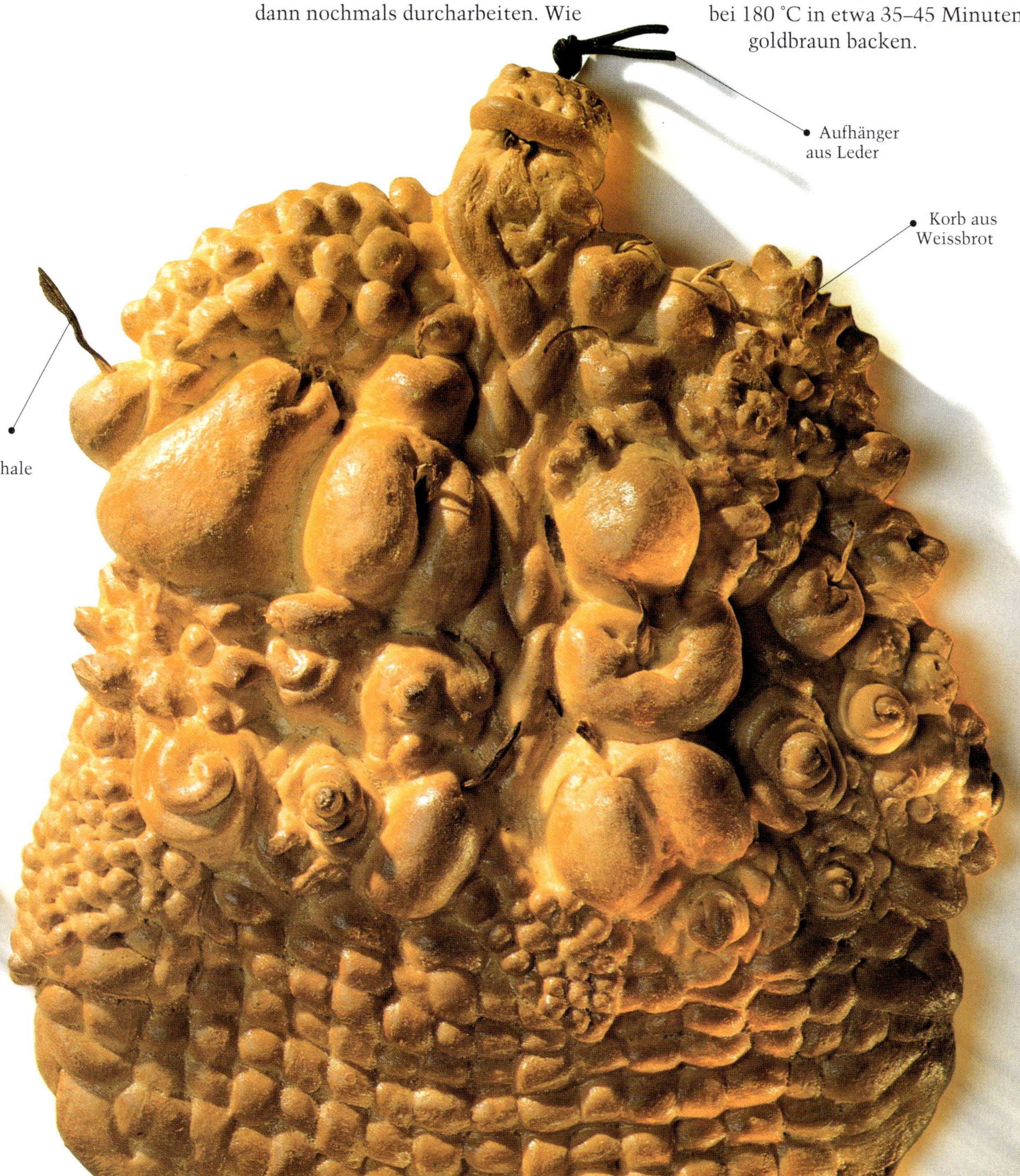

Gewürzkranz

Binden Sie einen Kranz, der zugleich dekorativ und duftend ist! Als Grundlage dient würzig riechendes Tannengrün, das sich monatelang hält. (Künstliches Tannengrün kann unglaublich realistisch aussehen. Es hält ewig – nur duftet es nicht.) Die Herzform wird mit Zitrus-Duftkugeln, mit Kreppapierbeutelchen, die mit zerstossenen Gewürzen gefüllt sind, mit Lavendelsträusschen und gebündelten Zimtstangen garniert. Alles verströmt einen so starken Duft, dass dieser Kranz noch lange nach dem Fest den Raum parfümiert.

Man benötigt

152 × 15 cm Maschendrahtgeflecht
10 Handvoll Moos
20 Stück gedrahtetes Tannengrün
Bindedraht
Blumendrähte
3 Blumentöpfe aus Ton, 6 cm Durchmesser
7 Gewürzbeutelchen aus Papierband
3 Lavendelsträusschen
3 Zimstangenbündel
7 Zitrus-Duftkugeln
16 Büschel Hopfen
Klebstoff
4 dekorative Samenstände
2 Bund Eukalyptussamenkapseln
7 Tannenzapfen
3 Sträusschen Majoranblüten
3 m Papierschleifenband

Arbeitsanleitung

Eine mit Moos gefüllte Steckform aus Maschendraht herstellen (siehe Seite 57), mit dem angedrahteten Tannenlaub ganz bestecken und zur Herzform biegen. Die Blumentöpfchen, die Gewürzbeutel, die Lavendel- und Zimtbündel sowie die Duftkugeln andrahten und damit den Kranz bestecken. Die Blumentöpfchen mit Hopfen füllen. Die Samenstände, die Zapfen und die Majoranblüten ankleben. Den Kranz an einer Papierschleife aufhängen.

Hopfensträusschen

Getrockneter Hopfen und Zimtstangen werden mit Bindedraht zu einem duftenden Sträusschen zusammengebunden. Den Draht mit einer passenden Schleife verdecken. Eine geöffnete Eukalyptussamenkapsel daraufkleben.
Hopfen sollte gepflückt und luftgetrocknet werden, wenn sich die Samenstände gerade gebildet haben. Wartet man länger, fallen sie ab.

Zitrus-Duftkugel

1 *Mit einem Metallspiess Löcher in die Oberfläche einer Limette oder einer anderen kleinen Zitrusfrucht stechen und je eine Gewürznelke hineinstecken.*

2 *Veilchenwurzelpulver in einen Papierbeutel füllen und die Limette hineinlegen. Den Beutel verschliessen und schütteln, so dass die Limette ganz mit Pulver bedeckt ist. Den Beutel drei Wochen an einem warmen, dunklen Ort lagern. Danach die Duftkugel herausnehmen und an einem Bastband aufhängen.*

Duftendes Herz

Dieses Gewürzherz kann in der Küche hängen, aber auch einen Korridor schmücken, wo alle seinen würzigen Duft geniessen können.

ADVENTSKRANZ

DAS WORT «ADVENT» bedeutet die Ankunft und umfasst im Kirchenjahr die vier Sonntage vor dem Fest Christi Geburt. In der Adventszeit wird in vielen Ländern daheim und in der Kirche ein grüner Adventskranz aufgehängt, der vier, manchmal auch fünf Kerzen trägt. An jedem der vier Adventsonntage zündet man eine Kerze an; die fünfte und letzte erstrahlt schliesslich am Weihnachtstage. Traditionsgemäss sind die Kerzen für die vier Sonntage rot. Dagegen ist die für den Weihnachtstag bestimmte Kerze schneeweiss.
Um das Rot der Kerzen noch mehr hervorzuheben, sollte der Kranz aus kräftig grünen Zweigen gemacht werden. Einige Sorten Tannengrün, wie etwa die Silbertanne, halten sich im Haus erstaunlich lange und verlieren weder ihre Nadeln noch ihre Farbe. Trockenblumen in Rottönen, silbriges Islandmoos, Zapfen und Bänder schmücken den Kranz zusätzlich.
Aus Sicherheitsgründen sollte man brennende Kerzen immer im Auge behalten und sie nie zu tief herunterbrennen lassen.

MAN BENÖTIGT

152 × 15 cm Maschendraht
38 × 15 cm Maschendraht
Bindedraht
Drahtschere
15 Handvoll feuchtes Moos
10 kleine Zweige Silbertanne
10 kleine Zweige Scheinzypresse
10 getrocknete Hahnenkammblüten (Celosien)
15 getrocknete Strohblumenblüten
18 Stück weisses Islandmoos
12 kleine Tannenzapfen
1 m goldgerändertes grünes Band
4 dicke rote Kerzen
1 weisse Kerze

ARBEITSANLEITUNG

Eine moosgefüllte Steckunterlage aus Maschendraht machen (siehe Seite 57) und zu einem Quadrat biegen. Aus dem kleineren Stück Maschendraht eine moosgefüllte Röhre formen, diagonal ins Quadrat setzen und an den Enden festdrahten. In jeder Ecke des Quadrates und in die Mitte der Diagonale je einen 8 cm grossen Schlitz in den Draht schneiden und Löcher zum Hineinstecken der Kerzen bohren. Den Drahtrahmen mit dem Grün bestecken und mit den Trockenblumen, dem Islandmoos, den Tannenzapfen und dem Band garnieren. Zum Schluss die Kerzen hineinstecken.

VORBOTE DES WEIHNACHTSFESTES

Legen Sie diesen einfachen Adventskranz auf einen Tisch ans Fenster, damit er von draussen und drinnen bewundert werden kann. Wenn man ausdauerndes Grün, Islandmoos und Trockenblumen in warmen Rottönen verwendet, sieht dieser Kranz noch am Weihnachtstag gut aus, wenn zuletzt die weisse Kerze angezündet wird.

Miss Jeffers' Kuchen

Es ist schon seltsam, dass dieser üppige Weihnachtskuchen aus der karibischen Küche stammt. Aber Miss Jeffers hat ihn für uns gebacken, als wir bei ihr auf der Antillen-Insel Nevis das Fest verbrachten. Der Schmuck ist meine Zugabe.

Zutaten

1,5 kg Rosinen
680 g Korinthen
450 g Dörrzwetschgen
170 g Beleg- oder Cocktailkirschen
350 g Sukkade (kandierte Zitrusfruchtschalen)
je 1 1/2 TL Salz, gemahlener Zimt, gemahlene Gewürznelken und geriebene Muskatnuss
240 ml Weinbrand
120 ml Rum
2 EL Madeira
4 TL Vanilleessenz
je 115 g gehackte Mandeln und Paranüsse
680 g brauner Rohrzucker
680 g Butter
14 Eier
680 g Weizenmehl
8 Limetten, Saft und abgeriebene Schale

Zubereitung

Die Trockenfrüchte mit der Sukkade und den Gewürzen vermischen. Mit dem Alkohol und der Vanilleessenz beträufeln und zwei Tage zugedeckt ziehen lassen. Die Nüsse anrösten.

In einer grossen Schüssel die Butter und den Zucker schaumig rühren, in einer anderen die Eier verquirlen. Die verquirlten Eier nach und nach in die Buttermischung geben. Das Mehl einrühren. Die eingeweichten Früchte, die Nüsse, den Limettensaft und die Limettenschale unterheben. In eine gefettete, mit Trennpapier ausgelegte eckige Form (31 × 31 cm) geben und 7 Stunden bei 140 °C backen. In einer dicht schliessenden Blechdose aufbewahren und erst kurz vor dem Fest garnieren.

Blätterrand
Ich umlege diesen Kuchen stets mit Tannen- und Stechpalmenzweigen. Miss Jeffers verwendete dafür tropische Blüten.

Blüten, Früchte und Nüsse

Eine Woche vor dem Fest wird der Kuchen mit zerlassener Aprikosenmarmelade bestrichen und verführerisch mit Blüten, Früchten und Nüssen garniert.

Gefüllte Dörrzwetschgen

1 Mit einem kleinen, spitzen Messer die Dörrzwetschgen entkernen, dabei die Frucht so wenig wie möglich zerschneiden.

2 Aus abgekühltem, dickem Aprikosenpüree (aus getrockneten Aprikosen, Wasser und Zucker) mit den Fingern auf der Arbeitsfläche mandelförmige Stücke so gross wie Zwetschgenkerne rollen.

3 Die Dörrzwetschgen mit je einem Stück Aprikosenpaste füllen. Man kann die Zwetschgen auch mit Marzipan füllen.

Gezuckerte Rosenblüten

1 Die Blütenblätter einer kräftig roten Duftrose vorsichtig abzupfen.

2 Mit einem dünnen Pinsel von beiden Seiten mit verquirltem Eiweiss bestreichen, jedoch nicht damit tränken. Auf Pergamentpapier legen.

3 Danach von beiden Seiten mit Puderzucker bestreuen. Einige Stunden an einem warmen Ort trocknen lassen.

4 Die Blütenblätter um ein kleines Stück kandierten Ingwer herum wieder zur Blüte zusammensetzen.

Kandierte Früchte

Selbstgemachte kandierte Früchte sind eine jener traditionellen weihnachtlichen Leckereien, die einfach zu gut sind, als dass man sie durch gekaufte Früchte ersetzen sollte. Obgleich ihre Zubereitung sich über zwei Wochen hinzieht, ist der tägliche Zeitaufwand gering und das Ergebnis hervorragend. Selbstgemachte Früchte haben entschieden mehr Aroma als gekaufte, die ich ausserdem immer zu süss finde. Da sich kandierte Früchte in einem luftdicht verschlossenen Behälter monatelang halten, kann man sie schon lange vor Weihnachten machen. Experimentieren Sie mit allen möglichen Früchten. Zitrusfrüchte sind köstlich, aber auch aromatische Pflaumen, Aprikosen und Kirschen. Ingwer mag ich besonders gern, nicht nur zur Weihnachtszeit; er ist auch nach einer reichhaltigen Mahlzeit ein ausgezeichnetes verdauungsförderndes Mittel.

Zutaten

450 g Früchte (Zitrusfrüchte, Pflaumen, Aprikosen, Kirschen, Feigen, Ananas, Preiselbeeren) oder geschälte, in Stücke geschnittene frische Ingwerwurzel
300 ml Wasser
675 g Kristallzucker

Zubereitung

Die Früchte oder den Ingwer in einem Topf mit schwerem Boden in siedendem Wasser pochieren. Solange sie noch fest sind, mit einem Sieblöffel herausnehmen und in eine passende Schüssel legen. Im siedenden Pochierfond 175 g Zucker auflösen. Mit diesem Sirup die Früchte übergiessen und zugedeckt einen Tag stehen lassen. Am nächsten Tag den Zuckersirup von den Früchten in einen Topf abgiessen, 50 g Zucker einrühren und erhitzen, bis dieser sich aufgelöst hat. Den Sirup wieder über die Früchte giessen. Zugedeckt 24 Stunden ziehen lassen. Dies jeden Tag wiederholen. Am 8. Tag 75 g Zucker im Sirup auflösen, über die Früchte giessen und zwei Tage ruhen lassen. Am 10. Tag die restlichen 75 g Zucker im Sirup auflösen, über die Früchte giessen und vier Tage ziehen lassen. Am 14. Tag die Früchte auf einen Rost oder ein Kuchengitter mit Pergamentpapier setzen und an einem warmen Ort trocknen lassen.

Süsse Köstlichkeiten

Leckere kandierte Früchte, mit Kristallzucker bestäubt und zur Spirale angeordnet. Am meisten Säure haben die Zitrusfrüchte, besonders die Schnitze von rosa Grapefruits. Auch Kirschen und Preiselbeeren behalten ihren etwas herben Geschmack bei und die Ingwerstücke ihre pikante Schärfe. Dagegen sind Ananas, Feigen und Pflaumen die süssesten von allen.

LIKÖRFRÜCHTE

ALS KIND HABE ICH EINMAL ZU WEIHNACHTEN ein paar Armagnac-Pflaumen genascht. Ich fand sie damals genau wie auch heute noch grossartig. Das Köstliche an den Likörfrüchten ist, dass sie den Geschmack des Alkohols annehmen, während sie ihrerseits den Alkohol aromatisieren. Beides schmeckt wunderbar, aber jedes wieder anders. Fast jede reife, makellose Frucht kann in luftdicht verschlossenen Gläsern in mindestens 25prozentigem Alkohol oder in einer Mischung aus Zuckersirup und Alkohol konserviert werden. Likörfrüchte müssen mindestens sechs Wochen eingelegt werden. Dann halten Sie sich jahrelang. Kleine Portionen der Früchte mit etwas von ihrem Saft können nach dem Essen serviert oder als Sauce über Vanilleeis gegossen werden.

BEEREN IN KIRSCHWASSER

680 g reife, aber noch feste Brombeeren
230 g Johannisbeeren
230 g Kristallzucker
450 ml Kirschwasser

Die Früchte mit dem Zucker in drei Halblitergläser schichten, dabei 1cm bis zum oberen Rand frei lassen. Nach Belieben einige Johannisbeerblätter zwischen die Beeren und die Gefässwand legen. Die Früchte mit dem Kirschwasser bedecken. Die Gläser fest verschliessen und, kühl und dunkel gestellt, 6 Wochen ruhen lassen.

KUMQUATS UND ZWERGLIMETTEN IN RUM

890 ml Wasser
230 g Kristallzucker
450 g Kumquats
230 g Zwerglimetten
1,8 l weisser Rum

Wasser und Zucker aufkochen. Darin die Früchte (Schale mehrmals gestochen) 5 Minuten pochieren. Herausheben, in 2 Einlitergläser füllen, zum oberen Rand 1 cm frei lassen. Den Sirup auf 300 ml einkochen. Rum einrühren. Über die Früchte giessen und luftdicht verschliessen. 4 Wochen kühl und dunkel stellen.

MUSKATELLER-ROSINEN IN LIKÖR

450 g Muskateller-Rosinen (Weinbeeren)
890 ml starker Earl-Grey-Tee
750 ml Muskatellerlikör

Die Rosinen über Nacht im Tee einweichen. Danach in einem Sieb abtropfen lassen. In ein Einliterglas füllen und zum oberen Rand 1 cm frei lassen. Mit dem Alkohol bedecken und luftdicht verschliessen. 8 Wochen dunkel und kühl stellen, dabei das Glas jede Woche einmal vorsichtig schütteln.

Zwetschgen und Äpfel in Armagnac

1 kg Dörrzwetschgen bester Qualität
230 g gedörrte Apfelringe
$1^{1}/_{2}$ l Apfelsaft
450 ml Armagnac

Die Dörrzwetschgen und Apfelringe zusammen mit dem Apfelsaft zum Kochen bringen, vom Herd nehmen und über Nacht weichen lassen. Anschliessend die abgetropften Früchte in zwei Einlitergläser füllen, dabei zum oberen Rand 1 cm frei lassen. Die Früchte mit Armagnac bedecken. Die Gläser fest verschliessen und mindestens sechs Wochen an einen dunklen, kühlen Platz stellen.

Birnen und Kirschen in Portwein

750 ml Portwein
450 g Kristallzucker
$^{1}/_{2}$ Zimtstange
5 Gewürznelken
$1^{1}/_{2}$ kg geschälte feste Birnen
450 g Kirschen

Den Portwein mit dem Zucker und den Gewürzen unter Rühren zum Kochen bringen. Die Früchte zufügen und 20 Minuten pochieren. Herausheben und in ein 2,5-Liter-Glas füllen, dabei 1 cm zum oberen Rand frei lassen. Den Sirup auf 450 ml einkochen. Durch ein Sieb über die Früchte giessen. Das verschlossene Schraubglas in einen mit Wasser gefüllten Bräter stellen und eine Stunde in den 150 °C heissen Ofen setzen. Mindestens sechs Wochen kühl und dunkel stellen.

Früchte in Weinbrand

5 kleine weisse Pfirsiche
450 g Aprikosen
4 Tamarillos in Scheiben
1 Baby-Ananas in Scheiben
3 geschälte Kiwis in Scheiben
10 geschälte Clementinen
4 Sternfrüchte in Scheiben
890 ml Wasser
450 g Kristallzucker
Saft von 4 Limetten
2 Vanilleschoten
750 ml Weinbrand

Die Früchte in kochendem Wasser blanchieren. Die Schale der Pfirsiche und Aprikosen abziehen. 890 ml Wasser zusammen mit dem Zucker, dem Limettensaft und den Vanilleschoten zum Kochen bringen. Die Früchte darin 6 Minuten pochieren. Herausheben und in ein Sechsliter-Schraubglas schichten. Den Sirup mit dem Weinbrand verrühren und die Früchte damit bedecken. Das Glas verschliessen und in einen mit Wasser gefüllten Bräter stellen. Eine Stunde in den 150 °C heissen Ofen setzen. Anschliessend wenigstens sechs Wochen an einen kühlen, dunklen Platz stellen.

Drei Weihnachtsdesserts

Der traditionelle englische Weihnachtspudding ist zwar überaus köstlich, doch manchen ist er als Abschluss eines üppigen Weihnachtsessens zu schwer. Die beiden anderen Desserts sind leichter, vereinen aber dennoch alle Aromen weihnachtlicher Gewürze in sich. Wenn Ihnen die Wahl schwer fällt, machen Sie einfach alle drei!

Gefrorene Früchte
Das ganze Aroma weihnachtlicher Gewürze ist in diesem leichten Eisparfait eingefangen.

Eisparfait

115 g gemischte Trockenfrüchte
30 g Beleg- oder Cocktailkirschen
30 g Zitronat
4 EL Weinbrand
450 ml Sahne
85 g Kristallzucker
85 g feines Vollkornpaniermehl
½ TL Zimt
85 g brauner Rohrzucker

Die Früchte klein zerschneiden, mit dem Zitronat vermischen und mit dem Weinbrand beträufeln. Zugedeckt über Nacht ziehen lassen. Die Sahne mit dem Zucker steif schlagen. Im Tiefkühlgerät halbfest werden lassen, dabei alle 30 Minuten durchrühren. Inzwischen das Paniermehl mit dem Zimt und dem Rohrzucker vermischen. Auf einem Backblech im 200 °C heissen Ofen in 5–10 Minuten goldbraun karamelisieren. Abkühlen lassen und in kleine Stücke brechen. Die zerkleinerten Früchte und den Karamel unter das Halbgefrorene heben. In eine Metallform füllen und gefrieren lassen. Etwa 15 Minuten vor dem Servieren aus dem Gefriergerät nehmen. Die Form kurz in heisses Wasser tauchen und das Parfait stürzen. Für 8 Personen.

Biskuitbombe

85 g gemischte Trockenfrüchte
½ TL gemahlener Zimt
½ TL gemahlene Nelken
½ TL geriebene Muskatnuss
5 EL Rum
3 Eier und 2 Eigelb
60 g Kristallzucker
300 ml Sahne
15 g Gelatine
1 Biskuitroulade von ca. 38 cm

Die kleingeschnittenen Trockenfrüchte mit den Gewürzen vermischen und mit 2 EL Rum beträufeln. Zugedeckt über Nacht ziehen lassen. Die ganzen Eier zusammen mit dem Eigelb 5 Minuten cremig rühren. Den Zucker langsam zufügen und weitere 5 Minuten rühren. Danach die eingeweichten Früchte und die halbsteif geschlagene Sahne unterheben. Den restlichen Rum erhitzen, das Gelatinepulver unter Rühren darin auflösen. Die geschmolzene Gelatine in die Eicreme rühren. Eine Bombenform von 19 cm Durchmesser und 9 cm Höhe mit ½ cm dick geschnittenen Biskuitrouladenscheiben auslegen. Mit der Creme füllen und mit den restlichen Scheiben Biskuitroulade abdecken. Zugedeckt einige Stunden in den Kühlschrank stellen. Vorsichtig stürzen. Für 10 Personen.

Verborgene Aromen

Unter Biskuit verbirgt sich ein zartes, weihnachtlich gewürztes Mousse.

Pudding par excellence

Köstliche Früchte, Nüsse, Gewürze und reichlich Alkohol machen den «Christmas Pudding» zum unübertrefflichen Genuss. Nach traditioneller Art wird er in einer tiefen, runden Form gemacht.

Traditioneller «Christmas Pudding»

230 g Butter
2 EL Rübensirup oder Melasse
180 ml Weinbrand
2 Zitronen, Saft und abgeriebene Schale
2 Orangen, abgeriebene Schale
4 Eier
230 g Vollkornpaniermehl
je 230 g Korinthen, Sultaninen und Muskateller-Rosinen
230 g brauner Rohrzucker
85 g Weizenvollkornmehl
85 g Mandeln, gehackt und geröstet
85 g Haselnüsse, gehackt und geröstet
85 g kandierter Ingwer, gehackt
1 grosser Apfel, geschält und kleingewürfelt
je 1 TL gemahlener Piment und geriebene Muskatnuss
½ TL gemahlene Gewürznelken

Die Butter zusammen mit dem Rübensirup auf kleiner Flamme schmelzen. Nach dem Abkühlen den Weinbrand, den Zitronensaft sowie die Orangen- und Zitronenschale einrühren. Anschliessend die Eier mit dem Rührbesen hineinschlagen. Die restlichen Zutaten in einer grossen Schüssel vermischen und die Eimasse hineinrühren. In eine gut gefettete runde 2-Liter-Puddingform füllen und im Wasserbad 6 Stunden garen. In der Form 10 Minuten abkühlen lassen. Stürzen, in Frischhaltefolie wickeln und 2 Monate kühl stellen. Vor dem Servieren nochmals 1½ Stunden im Dampf garen. Für 16 Personen.

Schmuckschale aus Eis

Die strahlende Schönheit von Blumen, Blättern und Beeren, eingeschlossen in durchsichtiges Eis, macht diese Schale zu einer aussergewöhnlichen Dekoration für die Weihnachtstafel. Man kann darin alles, was gut gekühlt werden muss, servieren – Eis, Sorbets, Obstsalat oder Bowle.
Verwenden Sie dafür nur Pflanzenmaterial, das ungiftig ist und das sich in die 2 cm dicke Eisschicht der Schalenwand einbetten lässt. Beeren wirken darin besonders schön, und da man die Schale schon lange vor dem Fest machen kann, können alle herbstlichen Beeren (Ebereschen, Hagebutten und Zwergmistelbeeren) dafür verwendet werden, aber auch Rosen, Freesien, Blütenblätter von Lilien, Farn- und Geranienblätter, selbst Blätter vom Zierkohl. Auch Zitronen-, Clementinen-, Kiwi- und Sternfruchtscheiben sehen im Eis phantastisch aus.

Man benötigt

1 Marmeladenglas, 8,5 cm hoch
1 Glasschüssel, 16 cm Durchmesser, 9 cm hoch
1 Glasschüssel, 21 cm Durchmesser, 11 cm hoch
Klebeband
ungiftiges Pflanzenmaterial
Blumendraht

Blumenschale

Bringen Sie einen Sommergarten auf den Weihnachtstisch mit diesen in Eis gebetteten Blumen. Die zarten Farben von Geissblatt, Malve, Aster, Felberich, Storchschnabel und Farn ergeben eine bezaubernde Wirkung. Für Getränke kann man zusätzlich noch kleine Blüten in Eiswürfeln einfrieren.

Gefrorene Farben

Leuchtend rote Rosen und Beeren, daneben pink geäderte Kohlblätter schweben im schimmernden Eis. Füllen Sie diese Schale mit Kir, einem Champagnersorbet oder einem exotischen Fruchtsalat.

Felberich

Aster

Schmuckschale aus Eis

Wenn man zum ersten Mal eine Schale aus Eis macht, sollte man relativ voluminöses Pflanzenmaterial verwenden, wie Rosen und grosse Blätter. Kleinere Blüten steigen nach oben, daher muss man die Schalenwände in mehreren dünnen Schichten nacheinander gefrieren lassen.

1 *Das Glas und die beiden Schüsseln ineinanderstellen. Wasser bis 1 cm unter den Rand zwischen die beiden Schüsseln giessen. Das Glas zur Beschwerung mit Wasser füllen; die Ränder der beiden Schüsseln müssen sich auf gleicher Höhe befinden. Mit Klebeband fixieren.*

2 *Das Pflanzenmaterial zusammenstellen. Hier habe ich Ebereschen, Zierkohlblätter, Miniatur-Amaryllis, Scheinzypresse und kleine rote Rosen verwendet.*

3 *Die Blätter und Blüten mit einem Stück Blumendraht zwischen die beiden Schüsseln schieben, dabei die grossen Blätter unter die kleinere Schüssel klemmen. Über Nacht gefrieren lassen.*

4 *Das Klebeband und das Glas entfernen. Kaltes Wasser in die kleinere Schüssel giessen und die grosse Schüssel in kaltes Wasser stellen, um beide von der Eisschale zu lösen. (Warmes Wasser macht das Eis rissig!) Die Eisschale auf einen Untersatz stellen.*

WEIHNACHTEN NAHT

DIE WEIHNACHTSZEIT kommt für mich immer zwei Wochen zu früh. Aber sobald die Schulferien beginnen, können auch die Kinder bei den Vorbereitungen mithelfen. Jetzt werden weihnachtliche Gestecke aus Tannengrün gemacht und der Christbaumschmuck vorbereitet. Nun ist auch die Zeit der vorweihnachtlichen Einladungen gekommen, die festliche Dekorationen und festliches Essen erfordern. Schwelgen Sie ruhig einmal in Leckereien, und geniessen Sie die verlockenden Sahnetrüffeln, zarten Jellies und zierlichen Petits fours.

GESTECK AUS IMMERGRÜNEN PFLANZEN

Stellen Sie ein haltbares Gesteck aus immergrünen Pflanzen in eine verwitterte Giesskanne. Die Rosttöne der Mahonie nehmen das Rot der Pfefferbeeren wieder auf. Die Nadelbüschel der Kiefer stehen im reizvollen Kontrast zu den gelbgeflammten Blättern der Ölweide und den wolligen Garrya-Kätzchen. Trauben von schwarzen Ligusterbeeren und winzigen grünen Datteln vervollständigen das Arrangement.

Immergrüne Kränze

Der schlichte Kranz an der Haustür aus immergrünem Laub, aus Zweigen und Beeren ist ein bedeutungsträchtiges Weihnachtssymbol, das bis zum heidnischen Fest der Wintersonnenwende zurückgeht. Leuchtend rote Stechpalmenbeeren und sattes Wintergrün signalisieren in farbenprächtigem Zusammenspiel den Ansturm der kalten Jahreszeit in unseren nördlichen Breiten. Früher wurden ganze wintergrüne Zweige über die Eingangstür gehängt. Zur Abwechslung habe ich einmal ein fächerförmiges Arrangement gemacht.

Waldimpression

Dieser Kranz aus immergrünem Laub braucht kein weiteres Beiwerk. Die natürliche Schönheit des Laubs kommt sowohl an einer rustikalen wie an einer eleganten Haustür voll zur Geltung.

Man benötigt

152 × 15 cm Maschendraht
10 Handvoll feuchtes Moos
60 gedrahtete Skimmienzweige mit Fruchtstand
50 kleine, mit Flechten bedeckte Zweige
50 Stechpalmenzweige mit Fruchtstand, das Laub entfernt
Bindedraht

Arbeitsanleitung

Eine moosgefüllte Steckunterlage aus Maschendraht anfertigen (siehe Seite 57) und auf der Vorderseite mit den Skimmienzweigen bestecken. Danach die Flechten- und Stechpalmenzweige, alle in derselben Richtung, hineinstecken. Die Zweige etwa 10 cm über die Aussenkante, aber nur 5 cm über die Innenkante der Kranzform hinausragen lassen. Zuletzt die beiden Enden zu einem Kranz zusammenbinden.

Türschmuck

Dieser hängende Strauss aus Tannen- und Stechpalmenzweigen braucht nur ein Minimum an Schmuck: einfache rote Schleifen. Seine ausladende Form ist besonders für grosse Eingangstüren geeignet.

Arbeitsanleitung

Die grossen Tannenzweige fächerförmig auf einer flachen Unterlage ausbreiten, dabei die Schnittenden etwa 5 cm überlappen lassen. Die Stechpalmenzweige darüberbinden und die Lücken mit den kleinen Tannenzweigen ausfüllen. Alles fest mit Bindedraht zusammenbinden. Einen Aufhänger aus Draht oder Schmuckband an der Rückseite befestigen und mit einer Schleife verdecken. Kleine Schleifen binden (siehe Seite 96–96) und an den Zweigen befestigen.

Man benötigt

3 grosse Silbertannenzweige
5 Stechpalmenzweige mit Fruchtstand, das Laub entfernt
3 kleine Silbertannenzweige
Bindedraht
4 m wetterfestes rotes Band

Himmlische Kränze

Kränze an der Haustür sind ein warmer weihnachtlicher Willkommensgruss. Wenige, aber kräftige Farben eignen sich hier am besten – sowohl für einfache Tannen- und Stechpalmenkränze wie auch für diese beiden prächtigen, gold- und silberglänzenden Kreationen. Türkränze müssen so beschaffen sein, dass sie Wind und Wetter drei Wochen lang standhalten können, ganz zu schweigen von dem ständigen Öffnen und Schliessen der Tür. Damit das Tannengrün lange frisch bleibt, sollte man die Steckunterlage mit feuchtem Moos füllen.

Glitzerndes Gold

In diesem originellen Arrangement haschen zwei Engel nach den Sternen. Das Band, das sich um den Kranz schlingt, nimmt die Rundungen der Engelskörper wieder auf und vervollständigt den golden glitzernden Türschmuck.

Variation in Silber

Die gleichen Engel und Sterne wie auf dem grossen Kranz, diesmal mit Silberspray besprüht, wirken frostig überhaucht. Silbrig geränderte Stechpalmenblätter und verschnürte kleine Päckchen beleben die untere Kranzhälfte. Vereinzelte rote Beeren sind warme Farbtupfer.

Man benötigt

152 × 15 cm Maschendraht
10 Handvoll feuchtes Moos
20 gedrahtete Tannenzweige
Bindedraht
Heissklebepistole
Blumendraht
2 goldbesprühte Engel und 3 Sterne
7 goldbesprühte Paranüsse
6 Lotussamenstände, mit Glitzerstaub besprüht
7 Goldkugeln
2 m goldfarbenes Cellophanband

Arbeitsanleitung

Einen moosgefüllten Kranz aus Maschendraht anfertigen (siehe Seite 57) und mit gedrahtetem Tannengrün bestecken. Blumendraht hinten an Engel und Sterne kleben und diese an den Kranz stecken. Die Lotussamenstände, Goldkugeln und Nüsse andrahten (Seite 61) und auf den Kranz verteilen. Zuletzt den Kranz mit Goldband umwickeln und mit Goldschleifen (Seite 96–97) verzieren.

Goldstern
Goldfarbene Cellophan-schleife
Douglasfichte
Goldkugel
Goldengel

Flammende Blütenpracht

Ein grosses Blumenarrangement macht entschieden mehr her als mehrere kleine. Stellen Sie eine grosse Vase an einen ins Auge springenden Platz und verteilen Sie in den übrigen Räumen kleine Vasen mit wenigen Blumen, die auch im grossen Arrangement vorkommen. Wählen Sie interessant geformte Blätter und Blüten mit markanten Formen. In diesem alten Kupfergefäss stehen eingetopfte Alpenveilchen neben Stechpalmenzweigen und Schnittblumen wie Lilien, Euphorbien, Strelitzien, Ranunkeln und Rosen. Zierkürbisse und goldfarbene Kerzen setzen besondere Akzente.

Man benötigt

1 grosses ovales Kupfergefäss
Plastikfolie
2 eingetopfte Alpenveilchen
6 Blöcke Steckmasse,
je 23 × 11 × 8 cm
4 goldfarbene Kerzen
7 Stiele Euphorbia fulgens
7 Stiele Euphorbia seguieriana
7 Stechpalmenzweige
mit Fruchtstand, Laub entfernt
7 Rosen
5 Lilien
5 Ranunkeln
5 Strelitzienblüten
3 Strelitzienblätter
3 Zierkürbisse

Arbeitsanleitung

Das Kupfergefäss mit Plastikfolie auskleiden und die beiden Alpenveilchen mit den Töpfen hineinstellen. Falls nötig, auf Blöcke von trockener Steckmasse stellen. Die Zwischenräume fest mit angefeuchteter Steckmasse ausstopfen. Danach die Kerzen hineinstecken. Anschliessend die Zweige und Schnittblumen so anordnen, dass sie üppig über den Gefässrand quellen. Rund um die Kerzen Platz lassen, damit das Gesteck nicht Feuer fängt.

GLÜHENDE FARBEN

Mit einem antiken Kupfergefäss voller Blüten in auffallenden Farben – in Goldorange, feurigem Rot, gebrochenem Pink – erzielt man auf einem Tisch oder einer Kommode einen dramatischen Effekt.

Glocke und Kugel

Hängen Sie diesen immergrünen Weihnachtsschmuck am besten in einem Vorraum oder einer Diele auf, wo man ihn während der ganzen Weihnachtszeit bewundern kann. Wenn man die Steckmasse anfeuchtet, halten sich die Gestecke mindestens zwei Wochen und noch länger, wenn sie im Freien unter einem Vordach hängen. Die Kugel aus Stechpalmenlaub ist ganz einfach zu machen, die Glocke ist nur wenig komplizierter. Stechpalmenlaub mit Beeren verwende ich gern ohne weiteren Schmuck, da es an sich schon genügend dekorativ ist. Mistelzweige allein wirken etwas spärlich, deshalb nehme ich noch anderes Laub hinzu. Mandarinen oder bunte Glaskugeln sind fröhliche Farbtupfer in diesem Gesteck.

Stechpalmenglocke

Man benötigt

1 Block Steckmasse, 30 × 18 × 18 cm
Maschendraht, 65 × 30 cm
Bindedraht
120 gedrahtete Stechpalmenzweige mit Beeren
4 m grünes Schmuckband

• Gelbbunte Stechpalme mit Beeren

• Goldgerändertes, mit Sternen bedrucktes grünes Band

Arbeitsanleitung

Aus Steckmasse einen 30 cm hohen Kegel schneiden, der unten 18 cm und oben 5 cm Durchmesser hat. Mit Maschendraht umhüllen und diesen mit Bindedraht festbinden. Mehrere Stücke Bindedraht zu einem Aufhänger zusammendrehen und an der Kegelspitze befestigen. Das obere Ende mit kurzstieligem, das untere mit langstieligem Laub bestecken, um eine schöne Glockenform herauszuarbeiten. Je eine Schleife (siehe Seite 96–97) unten und oben befestigen. Den Aufhänger mit Schmuckband umwickeln.

Kugel aus Mistellaub

MAN BENÖTIGT

1 Block Steckmasse,
15 × 15 × 15 cm
Maschendraht, 50 × 30 cm
Bindedraht
1,5 kg Misteln
40 blühende Efeuzweige
18 angedrahtete Clementinen
(siehe Seite 61)
3 m weisses Band,
mit Sternen bedruckt

ARBEITSANLEITUNG

Die Ecken des Steckblocks abrunden, um ihn kugelförmig zu machen. Mit Maschendraht umwickeln und diesen mit Bindedraht festbinden. Mehrere Stücke Bindedraht zu einem Aufhänger zusammendrehen und an der Kugel befestigen. In Augenhöhe aufhängen, damit man besser daran arbeiten kann. Die Kugel ganz mit Mistel- und Efeuzweigen sowie den angedrahteten Clementinen bestecken. Unten an der Kugel eine Schleife (siehe Seite 96–97) befestigen. Den Aufhänger mit Schmuckband umwickeln.

LATERNE AUS TANNENGRÜN

MIT DIESER LATERNE AUS TANNENGRÜN geben Sie Ihrem Zuhause eine anheimelnd-altmodische Note. Wie eine Laterne aus vergangener Zeit kann man sie ins Fenster hängen und gleichzeitig von draussen und drinnen bewundern. Sie lässt sich aber auch im Korridor oder im Treppenhaus aufhängen, wo man sie von allen Seiten betrachten kann. Wenn die Kerzen herunterbrennen, besteht allerdings die Gefahr, dass sich das Tannengrün entzündet. Deshalb sollte man Kerzen nie unbeaufsichtigt brennen lassen.

TANNENLAUB IM KERZENSCHIMMER

Eine schlichte grüne Laterne aus drei Tannenkränzen und vier Kerzen. Für eine grössere Laterne mit mehreren Kerzen verwendet man grössere Kränze und stabilisiert das Gebilde mit einem zusätzlichen vertikalen Kranz.

Man benötigt

2 Stücke Maschendraht,
152 × 15 cm
1 Stück Maschendraht,
160 × 15 cm
30 Handvoll feuchtes Moos
60 Zweige haltbares Grün
(Silbertanne, Eibe, Thuja)
Bindedraht
3 m Schmuckband
Kette zum Aufhängen
4 Steck-Kerzenhalter
4 Kerzen
36 Stück gedrahteter Baumschmuck, z. B. kleine Zapfen und Miniatur-Päckchen

Arbeitsanleitung

Aus Maschendraht drei moosgefüllte Steckunterlagen anfertigen, einen etwas grösser als die beiden anderen (siehe rechts). Mit Tannengrün bestecken, zum Kranz binden und mit Schmuckband umwickeln. Die beiden kleinen Kränze vertikal ineinanderschieben und mit Bindedraht zu einem kugelförmigen Gebilde binden. Den grösseren Kranz waagrecht darüberstreifen und festdrahten. Eine Kette zum Aufhängen befestigen. Die Kerzenhalter mit den Kerzen auf den waagrechten Kranz stecken und den Baumschmuck anbringen.

Steckunterlage aus Maschendraht

Mit Maschendraht in Form einer Wurst umwickeltes Moos ergibt eine formbare, stabile Steckunterlage für viele meiner Kränze. Als Unterlage für kompakte Formen (siehe Seite 26–27 und 60–61) werden grössere Stücke Maschendraht in entsprechender Form zugeschnitten, mit Draht zusammengeheftet und mit Moos gefüllt.

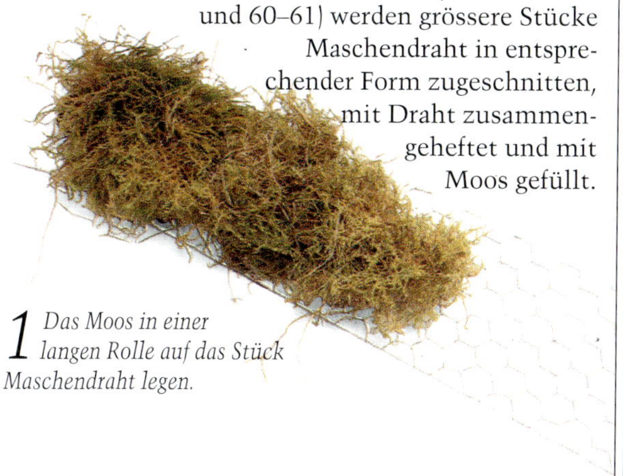

1 Das Moos in einer langen Rolle auf das Stück Maschendraht legen.

2 An einem Ende anfangen, das Drahtgeflecht um das Moos zu wickeln, so dass eine 2,5 cm starke Rolle entsteht. Falls nötig, noch Moos zufügen, damit die Rolle prall gefüllt ist.

3 Die Rolle zum Kranz formen und mit Grün bestecken oder überlappend umwickeln. Die Enden der Rolle zusammendrahten.

Girlande aus Seidenblumen

Girlanden, die sich um Türen oder Fenster, um einen Kamin oder ein Treppengeländer winden, verleihen dem Heim immer ein festliches Aussehen. Das Binden einer Girlande kann sehr zeitraubend sein, doch da diese hier aus Seidenblumen und getrockneten Blättern besteht, kann sie schon lange vor dem Fest angefertigt werden. Wenn man sie nach Weihnachten vorsichtig wieder abnimmt und trocken und dunkel in einer Schachtel aufbewahrt, hält sie sich mehrere Jahre. Da sie wie eine Kette aufgefädelt ist, sieht sie von allen Seiten gleich gut aus.

Man benötigt

25 seidene Hortensienblüten
Klebstoff
40 grüne Pappscheiben von 2,5 cm Durchmesser
1 grosse Stopfnadel
4 m dünner grüner Bindfaden
1 Streichholz
1,5 kg getrocknete runde Blätter

Arbeitsanweisung

Die Hortensienblüten so zerpflücken, dass gerade noch 2–3 Blütchen zusammenstehen. Diese als Krause an den Aussenrand der Pappscheiben kleben. Die angeklebten Blütenstiele mit grünen Seidenblättern überkleben.

In die Mitte der Pappscheibe ein Loch machen. Den Bindfaden einfädeln und ans Fadenende das Streichholz binden. Die Nadel jeweils durch 10 getrocknete Blätter stechen, danach immer eine Hortensienscheibe auffädeln, bis die Girlande fertig ist.

Exotische Rüschen

Die sanften, gedämpften Farben der Hortensienblüten und die gerüschten Blattränder machen diese Girlande zu einem ungewöhnlich aparten Festschmuck. Man kann zwar auch andere Seidenblumen in anderen Farben verwenden, doch für diese Girlande sind Hortensienblüten am besten geeignet.

Baum mit Früchten und Nüssen

Traditioneller weihnachtlicher Wandschmuck sind im wesentlichen dickgewundene Girlanden aus Pflanzenmaterial, die man über einen Kamin, über ein Fenster oder über eine Türöffnung an die Wand hängen kann. Auch Paneele sind ein dekorativer und zudem vielseitiger Schmuck, da man sie in verschiedenen Formen als Säule, Korb, Füllhorn (siehe Seite 26–27) oder Weihnachtsbaum anfertigen kann. Dieses Paneel in Baumform ist relativ flach und braucht wenig Raum. Es ist daher ideal für kleinere Zimmer, in denen ein traditioneller Weihnachtsbaum keinen Platz hat. Der Wandschmuck besteht aus nicht nadelndem Tannengrün, leuchtend roten Äpfeln, Limetten und vergoldeten Nüssen. Er hält sich mehrere Wochen.

Farbvariationen

Für eine andere Farbzusammenstellung kann man kleine Orangen, vergoldete Granatäpfel (siehe Seite 26), rosarote Lychees und vergoldete Paranüsse verwenden. Auch sie bleiben die ganze Weihnachtszeit über frisch.

Man benötigt

2 Holzleisten von 7 × 2 × 112 cm
1 Holzleiste von 7 × 2 × 90 cm
4 m Maschendraht von 30 cm Breite
Bindedraht
1 grosser Sack feuchtes Moos
100 angedrahtete Edeltannenzweige
1 weisse Lichterkette
20 angedrahtete rote Äpfel
15 angedrahtete Limetten
60 angedrahtete vergoldete Nüsse
1 Stück Rinde
1 starker Wandhaken

Arbeitsanleitung

Die Holzleisten zu einem Dreieck zusammennageln und fest mit Maschendraht bespannen. Auf die Drahtfläche eine dicke Schicht Moos legen und von der anderen Seite mit einer Schicht Maschendraht fixieren. An mehreren Stellen Blumendrahtstückchen durch die Moosschicht stecken und verdrahten, damit das Moos nicht verrutscht. Die Moosschicht dicht mit Tannengrün bestecken. Die Lichterkette an der Rückseite befestigen und die Lämpchen nach vorn hindurchziehen. Die Baumform mit den Früchten und Nüssen bestecken. Das Rindenstück als Baumstamm mit Bindedraht festbinden. Einen Aufhänger aus Draht an der Spitze befestigen.

Techniken des Andrahtens

Andrahten und Vergolden von Nüssen

Ein Ende eines mittelfeinen Blumendrahtes im rechten Winkel umbiegen und mit Sekundenkleber an die Nuss kleben. Wenn der Kleber fest ist, die Nuss mit Goldspray besprühen. Um einen marmorierten Effekt zu erzielen, die Nuss nochmals leicht mit einem kräftigen Rot so übersprühen, dass das Gold noch durchschimmert.

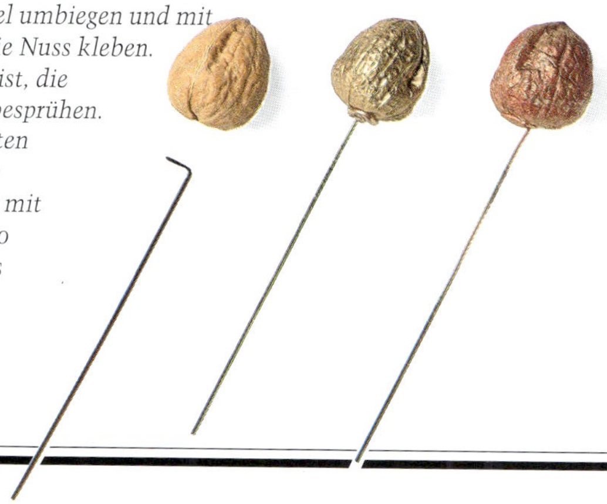

Andrahten von Früchten

Ein Ende eines starken Blumendrahtes zu einem Haken biegen. Das gerade Ende durch die Frucht stechen und durchziehen, bis sich der Haken in die Frucht bohrt. Der Haken allein ist nicht stark genug, um die Frucht zu halten. Aber durch eine Steckunterlage gezogen, hält er ohne weiteres.

Waldgirlande

Seit Jahrhunderten haben die Menschen in nördlichen Breiten um die Weihnachtszeit immergrünes Laub in ihr Heim geholt. Mir gefallen schlichte Girlanden und Ketten aus verschiedenem immergrünem Laub ebensogut wie bunte Weihnachtsdekorationen. Diese Girlanden füllen den Raum mit würzigem Waldgeruch: herb, harzig und manchmal mit einem Hauch von Zitrusduft. In ihrer unaufdringlichen Schönheit benötigen sie keinen Glitzerschmuck.

Grün in allen Schattierungen

Haltbare Edeltanne und gelbe Scheinzypresse mit ihren Blau- und Goldtönen dominieren in dieser Girlande, in der da und dort ein dunkles Rostrot der gefärbten Blutbuche glüht. Die zierlichen Rispen von Schönfaden stecken zwischen dem Grün der Koniferen. Die bizarren Formen der getrockneten Baumschwämme und Zapfen geben der Girlande eine interessante Struktur.

Man benötigt

2,40 m × 15 cm Maschendraht
15 Handvoll feuchtes oder trockenes Moos
30 gedrahtete Zweige Blutbuche, Edeltanne, Schönfaden (Callistemon), Efeu mit Samenstand und gelbe Scheinzypresse
20 Tannenzapfen
15 getrocknete Baumschwämme
Blumendraht

Arbeitsanleitung

Eine moosgefüllte Rolle aus Maschendraht machen (siehe Seite 57). Wenn man die Girlande an eine unempfindliche Wand hängt, kann man feuchtes Moos verwenden. Die Rolle in Girlandenform biegen und mit angedrahteten Zweigen überlappend bestecken. Mit den herunterhängenden Enden beginnen und von unten nach oben, im Mittelstück von der Mitte nach aussen arbeiten. Zum Schluss die Zapfen und Baumschwämme andrahten und an der Girlande befestigen.

Laternen

Der sanfte Lichtschein einer Laterne verbreitet eine magische Atmosphäre, besonders wenn man sie neben traditionellem Weihnachtsschmuck plaziert. Hängen Sie doch einmal eine Laterne in eine Zimmerecke oder zwei bis drei Sternlaternen und eine Mondlaterne in ein Fenster. Man kann sie mit kleinen 40-Watt-Birnen in normalen Fassungen erleuchten und am elektrischen Kabel aufhängen. Diese Laternen sind aus Papier und daher ziemlich empfindlich. Man kann sie deshalb nur im Haus aufhängen.

Sonnenlaterne

Einen dreidimensionalen rechteckigen Rahmen aus dünnen Holzstäben zusammenkleben. Mit einem rechteckigen Stück Strukturpapier umkleben. Aus dem gleichen Papier vier Sonnen schneiden, orangenfarben bemalen und von innen an die Laternenwände kleben. Den oberen und unteren Laternenrand mit dünnen Streifen desselben Papiers umkleben. Ein Stück Kordel diagonal zwischen zwei der oberen Ecken kleben und daran das Lampenkabel befestigen.

Mond und Sterne

Zwei Monde oder Sterne aus Strukturpapier ausschneiden und an den Rändern zusammenkleben. In die Rückwand ein quadratisches, 6 cm grosses Loch für die Glühbirne samt Fassung schneiden. Mehrere Blumendrahtstückchen von Rand zu Rand an die Rückwand kleben und nach dem Trocknen bogenförmig nach aussen biegen, damit die Laterne Dreidimensionalität erhält. Die Glühbirne samt Fassung hineinsetzen und die Laterne aufhängen.

Japanische Laterne

Zwei Quadrate, eines aus den kurzen, das andere aus den langen Stäben zusammenkleben. Das kleinere Quadrat über Eck in das grössere kleben. An den keineren Rahmen lange und an den grösseren kurze Papierstreifen ankleben. Kordel diagonal zwischen zwei Ecken befestigen und am elektrischen Kabel anbringen.

Pyramidenlaterne

Die Stäbe zu einer Pyramide zusammenkleben. Einen grossen Bogen dünnes Papier nur unten festkleben. Eine Glühbirne einsetzen. Die losen Papierenden zusammenraffen und an der Spitze zusammenbinden.

Man benötigt

Klebstoff
Handgeschöpftes Strukturpapier
je eine 40-Watt-Birne mit Fassung
Kordel

Sonnenlaterne
8 dünne Holzstäbe, 13 cm lang
4 dünne Holzstäbe, 23 cm lang
Orangefarbene Wasserfarbe

Mond- und Sternlaterne
Starker Blumendraht

Pyramidenlaterne
6 dünne Holzstäbe, 23 cm lang

Japanische Laterne
4 dünne Holzstäbe, 18 cm lang
4 dünne Holzstäbe, 28 cm lang

Traditioneller Weihnachtsbaum

Rot und Grün sind die traditionellen Weihnachtsfarben. Im sprühenden Zusammenspiel scheint jede die andere tiefer, kräftiger und leuchtender zu machen.

Schon Wochen vor Weihnachten häuft sich in den Geschäften Weihnachtsschmuck in Rot und Grün. Man kann aber auch selber Weihnachtssterne basteln, Weihnachtskugeln bemalen, rote Beerenketten machen und ausgeblasene Eier in rote Seide hüllen. Auch kann man Selbstgebasteltes mit Gekauftem mischen und damit den Tannenbaum wunderschön in traditioneller Weise schmücken.

Rubinrote Kugeln

Kugeln aus sattroten Kulturpreiselbeeren (Cranberries) geben dem Baum intensive Farbe.

Weihnachtssterne

Aus dicker Pappe oder Balsa-Holz Sterne ausschneiden, von beiden Seiten mit roten und grünen Mustern bemalen und mit einem Aufhänger versehen.

Bemalte Christbaumkugeln

Baumkugeln, aus Tischtennisbällen gemacht. Man versieht sie mit Aufhängern und bemalt sie anschliessend.

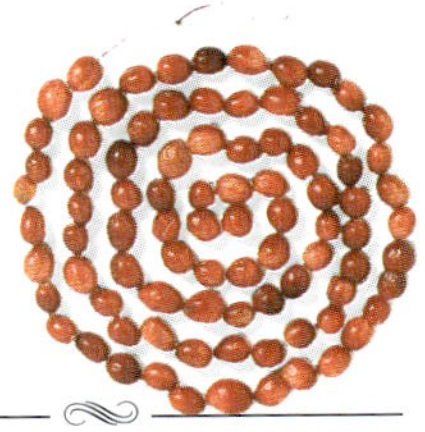

Beerenketten

Feste Kulturpreiselbeeren (Cranberries) auf langen Zwirnfaden aufziehen und die Enden verknoten.

Man benötigt

für einen 1,80 m hohen Baum:

1 Blumentopf von 40 cm Durchmesser

2 Stränge rote elektrische Kerzen

40 rotumhüllte Eier

20 Beerenkugeln

20 Weihnachtssterne

18 m Beerenkette

18 getrocknete Rosensträusschen

15 bemalte Kugeln

Seideneier

Ausgeblasene Eier werden in rote Seide gehüllt.

*R*OSENSTRÄUSSCHEN
Getrocknete Röschen und Efeublätter werden mit einer Schleife zu einem Sträusschen gebunden und ergeben einen ungewöhnlichen Baumschmuck *(siehe Seite 71).*

LEUCHTENDROTER BAUMSCHMUCK

VOR WEIHNACHTEN IST ZEIT IMMER KNAPP. Machen Sie daher die Seideneier schon rechtzeitig im voraus. Die Kugeln aus roten Kulturpreiselbeeren (Cranberries) dürfen allerdings erst frühestens eine Woche vor Weihnachten gemacht werden.

ROTE SEIDENEIER

1 Aus roter Seide ein Quadrat schneiden, gross genug, um damit ein Ei einzuhüllen. Die Seide an einer Seite zusammenziehen und mit rotem Garn zusammenbinden. Die Garnenden zu einem Aufhänger verknoten.

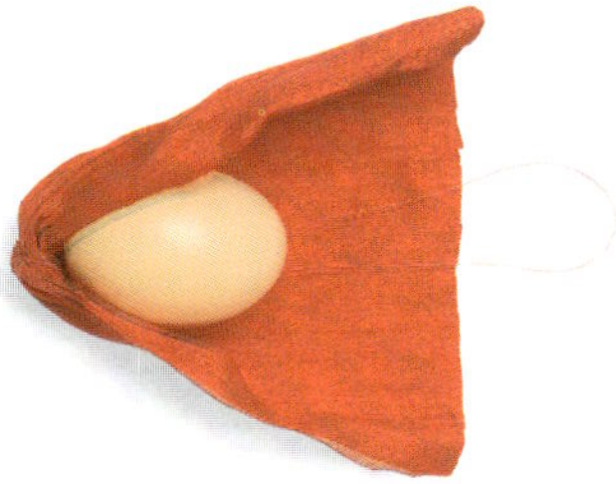

2 Das Ei mit der Spitze zum zusammengebundenen Ende auf die Seide legen. Die Seide an der Längsseite zum Beutel zusammennähen.

3 Die Seide über dem Ei zusammenraffen und mit einer Goldkordel zusammenbinden.

BEERENKUGELN

1 Das gerade Ende eines umgebogenen Blumendrahtes durch eine 1,5 cm grosse Schaumstoffkugel stechen und dabei ein eingefädeltes, verknotetes Stück Goldkordel in die Kugel ziehen. Das gerade Drahtende bis auf ein 2 cm langes Stück abschneiden und dieses zurück in die Kugel biegen.

2 Die Beeren dicht an dicht auf die Kugel kleben. Diese Kugeln halten etwa zwei Wochen.

SILBERBAUM

WÄHLEN SIE FÜR IHREN WEIHNACHTSBAUM einen Schmuck, der nur von ein oder zwei Farben bestimmt wird. Silber erinnert an Rauhreif, Eis und Schnee und überhaucht den Baum mit frostigem Schimmer. Kleine rote Farbtupfer unterstreichen noch den Eindruck von Kühle.

SILBERSCHLEIFEN
Silberband mit drahtversteiften Rändern wird zu extravaganten Schleifen gebunden (siehe Seite 96–97).

GLITZERNDE GLASKUGELN
Durchsichtige Glaskugeln, mit silbernem Glitzerstaub überzogen, reflektieren den Glanz der Kerzen.

GLÄSERNE TANNENZAPFEN
Mit solchen Tannenzapfen schmückten schon unsere Grosseltern den Weihnachtsbaum.

GESCHENKPÄCKCHEN
Kleine Päckchen werden in Silberpapier gewickelt und verziert.

SILBERNE TANNENZAPFEN
Wohlgeformte, silbrig besprühte Tannenzapfen sind ein natürlicher Baumschmuck.

MAN BENÖTIGT
für einen 1,80 m hohen Baum:
1 rechteckiger Pflanzkübel, 51 cm hoch
2 weisse Lichterketten
45 gläserne Eiszapfen
20 Miniatur-Päckchen
20 Silbersterne
20 rote Beeren
10 weisse Kugeln
15 glitzernde Glaskugeln
12 gläserne Tannenzapfen
12 silbrig besprühte Tannenzapfen
12 Silberschleifen
9 m Papierkette

WEISSE KUGELN
Diese «Schneebälle» sind mit winzigen Stechpalmenblättern bemalt.

SCHILLERNDE EISZAPFEN
Die lange, spitze Form der gläsernen Eiszapfen betont den schlanken Wuchs der Tanne.

GLITZERNDE STERNE
Gläserne Sterne mit Eiweiss bestreichen und mit Silberstaub bestreuen.

Rote Beeren

Als lebhafte Farbtupfer künstliche rote Beeren an den Drähten zusammendrehen und an den Zweigen befestigen.

Glänzende Papierketten

Ketten aus Silberpapier schlingen sich um den Baum und reflektieren das Licht.

Silbriger Baumschmuck

Es gibt zwar eine Menge Baumschmuck zu kaufen, doch diese Papierketten und Tannenzapfen kann man leicht selber machen.

Papierketten

1 *Zwei verschieden gemusterte Bogen silbriges Geschenkpapier mit der glänzenden Seite nach aussen gegeneinanderkleben. Danach in 2 cm breite Streifen schneiden.*

2 *Ein kleines Stück doppelseitig klebenden Klebstreifen an jeden Papierstreifen kleben und diesen mit einer Drehung zu einem Kettenglied zusammenkleben. Dabei jeweils durch das vorangehende Kettenglied ziehen.*

Silbrige Tannenzapfen

1 *Einen Blumendraht um das untere Ende eines Tannenzapfens schlingen. Dabei ein Drahtende, zur Befestigung am Baum, lang lassen.*

2 *Den Zapfen mit Silberspray besprühen. Im Freien arbeiten und dazu die Zapfen in einen alten Pappkarton legen. Auf die noch feuchte Farbe Glitzerstaub streuen.*

Blütenbaum

Sträusschen aus Trockenblumen sind ein überraschend effektvoller Baumschmuck. Bunte Papierschleifen unterstreichen die Farben der Blumen, und Bastfäden in entsprechenden Tönen steigen in quirligen Spiralen zur Spitze des Baumes empor.

Hortensienbüschel
Rotviolette Hortensienblüten, in einer mit Farbe gemischten Glyzerinlösung haltbar gemacht, und präparierte Efeublätter sind mit einer lila Schleife zum Strauss gebunden.

Sonnige Sommerrosen
Strahlendgelbe, getrocknete Röschen und präparierte Efeublätter stehen zum bläulichen Rosa der Schleife in reizvollem Kontrast.

Ein Strauss roter Rosen
Rot und Grün sind Kontrastfarben. Diese scharlachroten Rosen heben sich leuchtend von den dunkelgrünen Tannenzweigen ab. Das zarte Rosa der Schleife verstärkt noch den Effekt.

Farbige Bastfäden
Baststränge kann man mit Sprühfarben färben. Das sollte allerdings im Freien an einem windstillen Tag geschehen. Dazu gibt man etwa 30–40 Baststränge in einen grossen alten Pappkarton und besprüht sie mit Farbe. Den Bast drehen, damit er von allen Seiten gefärbt wird.

Üppige Pfingstrose
Eine einzelne getrocknete, rosarote Pfingstrose in einem Kranz von Blättern ist ein phantastischer Baumschmuck. Man kann ihre Farbe über Wasserdampf auffrischen und danach die Blüte wieder vorsichtig in Form pusten.

Schwermütiger Rittersporn
Dunkelvioletter Rittersporn, mit einer helleren Schleife gebunden, steht im lebhaften Kontrast zu den heiteren Farben der anderen Blüten

Getrocknete Rosen
Hellrosa Rosen und eine tiefrote Schleife ergänzen einander prächtig.

Lichtnelken
Das frische Rosa der Lichtnelken wirkt durch das helle Blau der Schleife noch frischer.

Man benötigt
für einen 1,80 m hohen Baum:
1 Behälter, 45 cm hoch
2 bunte Lichterketten
60 kleine Trockenblumensträusse
5 Stränge farbiger Bast

Trockenblumen als Baumschmuck

Sträusschen aus Trockenblumen und Efeublättern sind ganz leicht zu machen. Binden Sie Schleifen aus verschiedenfarbigen Papierbändern und befestigen Sie diese mit feinem Draht, den Sie dann auch zum Aufhängen benützen, an den Sträusschen.

Trockenblumensträusschen

1 Binden Sie einige Trockenblumen Ihrer Wahl und präparierte Efeublätter zu einem winzigen Sträusschen. Hier habe ich Strohblumen verwendet.

2 Legen Sie ein Stück Blumendraht parallel zu den Stielen und umwickeln Sie mit dem anderen Drahtende die Stiele knapp unterhalb der Blüten mehrmals, um den Strauss fest zusammenzuhalten.

3 Eine einfache Schleife aus Papierband binden (siehe Seite 96–97). Mit einem dünnen Streifen des gleichen Bandes die Schleife am Sträusschen befestigen.

An der Luft getrocknete Blumen

1 Zum Trocknen an der Luft nur Blumen mit festen Blütenköpfen nehmen und alle Blätter von den Stielenden entfernen.

2 Jeweils 5–6 Stiele zusammenbinden und mit den Blüten nach unten an einem kühlen, dunklen Ort zum Trocknen aufhängen.

Mexikanischer Baum

Mexiko ist ein Land von unerhörter Farbigkeit – hier findet man das glühendste Rot, das grellste Pink, das lebhafteste Goldgelb und das leuchtendste Grün und Blau. Schmücken Sie Ihren Weihnachtsbaum doch einmal in diesen temperamentvollen südländischen Farben!

Bunter Blechschmuck

Suchen Sie in den Läden nach diesem glitzernden mexikanischen Baumschmuck. Es sind Schmetterlinge, Vögel, Fische, Früchte, Sonnen, Monde und Sterne aus buntbemaltem Blech, die äusserst preiswert sind.

Glitzerbüschel

Schneiden Sie bunte Lamettaketten in 1 cm kurze Stücke, die Sie auf den Zweigspitzen so verteilen, dass sich der Kerzenschein darin spiegelt.

Glanzherzen

Verwenden Sie für diese Herzen die bunteste, glitzerndste Metallfolie, die Sie finden können. Kombinieren Sie Rot mit Pink, Violett mit Orange, Grün mit Blau zu einem temperamentvollen Farbspiel.

Knalligbunte Kugeln

Federleicht und gar nicht teuer sind diese einfach zu machenden Kugeln aus Seidenpapier. Mit ihren knalligbunten Rüschen sind sie ein auffälliger Baumschmuck.

Feurigrote Ketten

Tragen Sie Gummihandschuhe, wenn Sie die Chillies zu Ketten aufziehen, denn ihr Saft brennt feurig. Doch es lohnt sich – sie sehen zwischen den Zweigen prächtig aus.

Man benötigt

für einen 1,80 m hohen Baum:
1 Blumentopf aus Ton,
38 cm Durchmesser
2 weisse Lichterketten
7 m Kette aus Chillies
35 Stück mexikanischer
Baumschmuck
25 Seidenpapierkugeln
15 Papierherzen
1 m Lamettakette

Mexikanischer Papierschmuck

Seidenpapier und glänzende Metallfolie gibt es in vielen Farben. Nehmen Sie hier die knalligsten, die Sie finden.

Seidenpapierkugeln

1 Drei 51 × 38 cm grosse Bogen verschiedenfarbiges Seidenpapier aufeinanderlegen und in unregelmässige Falten legen. Drei weitere Bogen Seidenpapier genauso fälteln.

2 Das gefältelte Papier zur Spirale drehen und zerknittern. Wieder glattstreichen und mit einer einfachen oder einer Zackenschere in 13 cm lange Stücke schneiden.

3 Je fünf dieser Stücke in der Mitte mit einem Draht oder Goldfaden zusammenbinden und eine Schlaufe zum Aufhängen knoten. Das Papier zu duftigen Bällen auseinanderzwirbeln.

Papierherzen

1 Mit Hilfe der Schablone auf Seite 116 aus Metallfolie je zwei Formen pro Herz ausschneiden und falten. Vom gefalteten Rand bis zum Anfang der Rundung zwei bis drei Einschnitte machen.

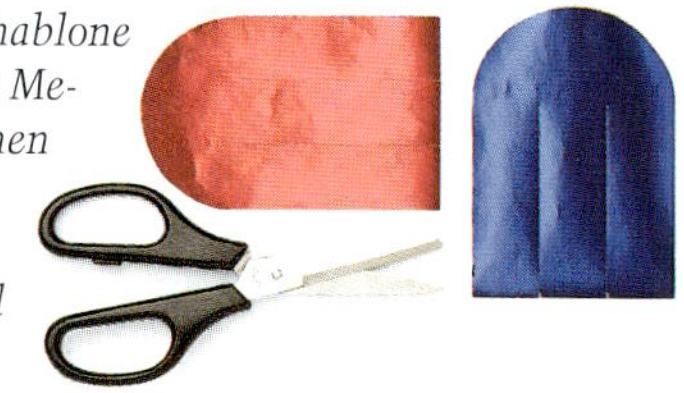

2 Die Streifen der beiden Formen im Schachbrettmuster ineinanderflechten.

3 Beim Einschnitt des Herzens ein Loch stanzen und eine Schlaufe zum Aufhängen durchziehen.

*J*APANISCHER *B*AUM

DIE JAPANISCHE KUNST DER VERPACKUNG und des Papierfaltens ist weltberühmt. Origami scheint zuerst sehr schwierig. Doch mit einiger Übung beherrschen selbst Kinder diese Kunst und falten die kleinen Kimonos im Handumdrehen.

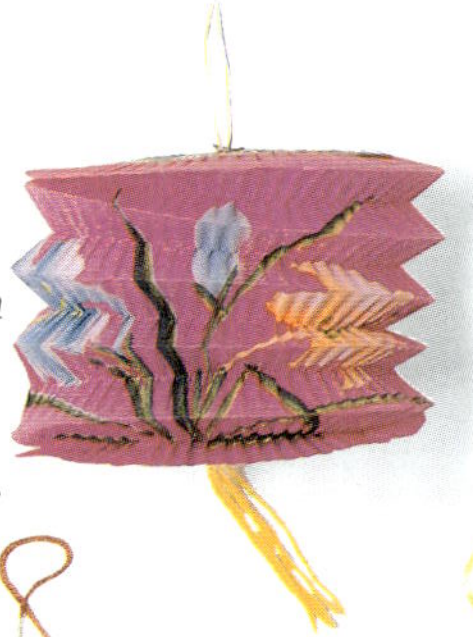

*L*AMPIONS
Diese kleinen Lampions kann man flach zusammengefaltet kaufen und wie eine Ziehharmonika auseinanderziehen.

*B*UNTE VÖGEL
Vögel mit buntem Gefieder schaukeln auf den Zweigen.

*P*APIERKIMONOS
Japanisches Schmuckpapier, zu Kimonos gefaltet.

*M*ASKEN
Papiermachémasken, mit grimmigen Kriegergesichtern bemalt.

MAN BENÖTIGT
für einen 1,80 m hohen Baum:
1 rechteckiger Pflanzenkübel, 51 cm hoch
2 bunte Lichterketten
30 Papierfächer
30 Origami-Kimonos
30 Papierlaternen an Stäben
30 geklebte Schächtelchen
20 Papierlaternen
20 Masken
15 Vögel

*P*APIERFÄCHER
Bunte Fächer, aus Origami-Papier gefaltet.

*L*ATERNEN
Diese kleinen Laternen scheinen um den Baum zu schweben.

*I*MPROVISATIONEN
Diese bunten Schirmchen zieren sonst Desserts und Cocktails.

Beklebte Schächtelchen
Streichholzschachteln, mit Papier mit japanischen Motiven beklebt.

Origami-Kimonos

1 Ein 23 cm grosses Quadrat zur Hälfte falten. Auseinanderfalten und senkrecht, wie gezeigt, in 8 Falten legen. Die obere Hälfte in vier Falten knicken. Auseinanderziehen.

2 Die beiden hochstehenden senkrechten Falze zur Mitte legen. Das Ganze waagrecht in der Mitte falten, und die obere rechte und linke Ecke eine Falte breit zum Dreieck nach unten knicken. Auseinanderfalten.

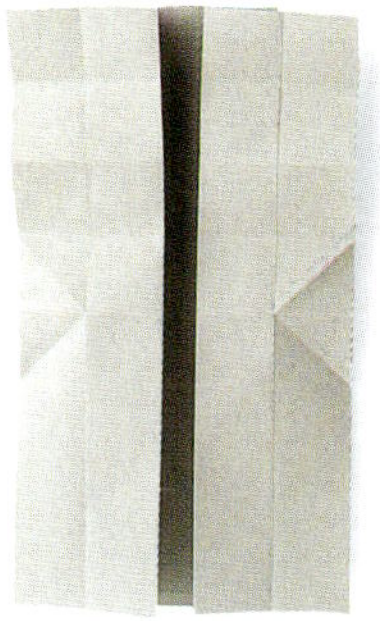

3 Das Papier umdrehen und oben eine kleine Raute falten, indem man die beiden Ecken des erhabenen Teils nach innen knickt und die Spitze nach unten klappt.

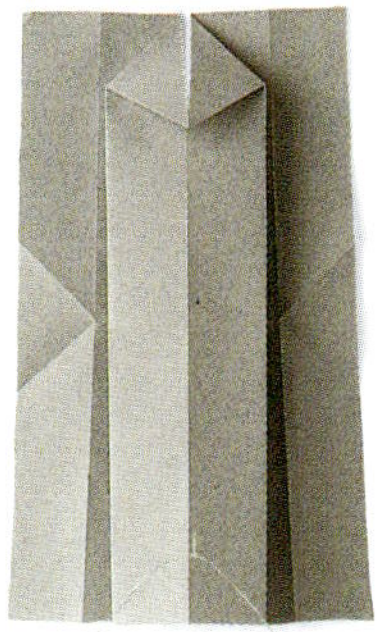

4 Umdrehen und die oberste waagrechte Falte umklappen. Die Rautenspitze von hinten nach oben legen. Die mittlere waagrechte Falte nach oben klappen und die äusseren Ränder zur Mitte hin falten.

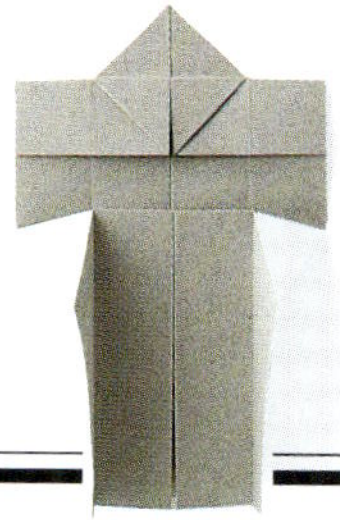

5 Für den Kragen die obere Rautenhälfte in drei Falten legen. Die äussere Längsfalte der unteren Kimonohälfte für den Rock schräg nach aussen falten. Die unteren Ecken der Kimonoärmel nach oben legen.

6 Umdrehen und mit einem heissen Bügeleisen flachbügeln. Ein passendes Holzstäbchen durch die Ärmel stecken und daran einen Aufhänger befestigen.

LEBKUCHENBAUM

BEI DIESEM WEIHNACHTSBAUM macht allein schon die Vorbereitung des süssen Behangs die Hälfte des Vergnügens aus. Alle können beim Backen und Verzieren der Kekse und beim Einwickeln der Bonbons helfen. Wie lange sie wohl am Baum hängen werden?

BONBON-BEUTELCHEN
Gummibärchen oder Bonbons in ein Stück Cellophanpapier wickeln. Mit einer Schleife zusammenbinden.

POPCORN-KETTEN
Popcorn auf Zwirnfäden von etwa 1,20 m Länge aufziehen.

ZITRONENKEKSE
Mit nur zwei oder drei Farben kann man sie in den verschiedensten Mustern bemalen.

MAN BENÖTIGT

für einen 1,80 m hohen Baum:
1 rechteckiger Terracotta-Kübel, 43 cm hoch
2 bunte Lichterketten
30 Bonbonbeutelchen
5 Popcorn-Ketten, je 1,20 m lang
10 glacierte Maronen in Goldpapier
40 buntbemalte Zitronenkekse
15 Gold- und Silberplätzchen
15 Lebkuchenfiguren
20 bunte Zuckerstangen

LEBKUCHEN
Mit silbernen und goldenen Zuckerperlen und aufgespritzter Puderzuckerglasur erhalten Lebkuchenfiguren einen eigenen Ausdruck.

GOLD- UND SILBERPLÄTZCHEN
Die gebackenen Plätzchen mit Eiweiss bestreichen und Blattsilber oder Blattgold darauflegen.

BUNTE ZUCKERSTANGEN
Die Zuckerstangen entweder an ihrem Haken oder an dünner Goldkordel aufhängen.

SÜSSER BAUMBEHANG

DIE PLÄTZCHEN dürfen nicht zu zerbrechlich sein. Vor dem Backen mit einen Loch für die Bändchen zum Aufhängen versehen.

LEBKUCHENMÄNNER

1 Eine Spritztüte aus Pergamentpapier drehen. Mit Klebstreifen an der Seite zukleben. Mit einer nicht zu flüssigen Puderzuckerglasur füllen und ein winziges Loch in die Spitze schneiden.

2 Mit leichtem Druck Linien und Punkte auf die Lebkuchenfiguren spritzen, um Kleider und Gesichter anzudeuten.

3 In die noch weiche Glasur Zuckerperlen als Augen, Mund und Knöpfe drücken. Die Glasur fest werden lassen, dann erst die Aufhänger anbringen.

BUNTGLASIERTE KEKSE

1 Die ungebackenen Kekse mit Eigelbglasur in beliebigen Farben bemalen (siehe Seite 80).

2 Nach dem Backen ist die Glasur durchscheinend und glänzend. Wenn die Kekse abgekühlt sind, den Aufhänger anbringen.

Weihnachtliches Baumquartett

Wenn man Balkonbäumchen in Kübeln hat, kann man diese zu Weihnachten ins Haus holen. Buchsbaum, Lorbeer, Eibe, Hemlockstanne, Liguster und Stechpalme können, festlich geschmückt, im Zimmer aufgestellt werden. Man kann aber auch aus Stechpalmenzweigen ein kugeliges Bäumchen stecken (siehe unten).

Buchsbäumchen
Man benötigt
1 Buchsbäumchen, zu drei Kugeln gestutzt
1 Terrakotta-Kübel, 30 cm Durchmesser
6 Handvoll weisses Islandmoos
30 rote Seidenrosen in drei verschiedenen Grössen
3 m rotes Rüschenband
1 weisse Lichterkette

Buchsbäumchen

Ein lustig gestutztes Buchsbäumchen wird zum originellen Weihnachtsbaum. Zwischen die dunkelgrünen Blättchen sind rote Rosen und Rüschenbänder gesteckt. Dazwischen glitzern winzige weisse Lichter wie Perlen.

Stechpalmenkugel
Man benötigt
51 × 30 cm Maschendraht
1 Kugel von 20 cm Durchmesser aus angefeuchteter Steckmasse
Bindedraht
1 Plasiktopf, 41 cm Durchmesser
Gips
1 Aststück, 1,20 m lang
1 Terrakotta-Kübel, 46 cm Durchmesser
3 Handvoll grünes Moos
120 Stechpalmenzweige
1 weisse Lichterkette

Arbeitsanleitung

Die Steckmasse mit Maschendraht umwickeln und mit Draht festbinden. Den Plastiktopf mit angerührtem Gips füllen und den Ast hineinstecken. Nach dem Festwerden den Gips mit Moos verdecken und den Plastiktopf in den Terrakotta-Kübel stellen. Die Steckkugel auf den Ast spiessen, mit Stechpalme bestecken und dekorieren.

Perfekte Pyramide
MAN BENÖTIGT
1 gutgewachsene Zuckerhutfichte
1 viereckiger Metallkübel
40 Baumkugeln
15 Seidenpapierblumen
(siehe Seite 22–23)
1 bunte Lichterkette

PERFEKTE PYRAMIDE
Im dichten Grün der Zuckerhutfichte stecken pinkfarbene Blumen aus Seidenpapier. Silber- und Harlekinkugeln zieren zusammen mit einer farbigen Lichterkette diesen aparten Baum.

Ein Baum voller Vögel
MAN BENÖTIGT
1 rund gestutztes Lorbeerbäumchen
1 viereckiger Terrakotta-Kübel, 51 cm hoch
15 Handvoll Moospolster
10 mehrfarbige Kugeln
10 Goldkugeln
1 weisse Lichterkette
7 Rotkehlchen
3 Eulen

EIN BAUM VOLLER VÖGEL
Die Schönheit dieses zierlichen Bäumchens wird durch den kunstvoll geflochtenen Stamm unterstrichen. Paillettenbesetzte Kugeln und schlichte Goldkugeln funkeln im matten Grün der Blätter besonders schön. Als neckische Note sitzen kleine Eulen und Rotkehlchen in den Zweigen.

Bunte Kekse

Bei grossen Familienfesten steht immer auch eine reichgedeckte Kaffee- oder Teetafel im Mittelpunkt. Doch in der Weihnachtszeit, mit all dem üppigen Essen, möchte man zum Tee oder Kaffee oft nur ein paar Kekse, zum Beispiel Zitronenkekse oder Lebkuchen, welche die Kinder freudig mit bunten Glasuren bemalen und mit Zuckerperlen verzieren. Süsser Nusskrokant und mit kandierten Kirschen und glitzernden Liebesperlen besteckte Kränzchen verlocken zum Naschen. Etwas raffiniertere Leckereien sind die Florentiner, die kleinen, in Bitterschokolade getauchten Sahneröllchen und die winzigen Obsttörtchen.

Nusskrokant

450 g gemischte Nüsse (Pistazien, Mandeln, Cashew-, Haselnüsse)
450 g Zucker

Die Nüsse rösten und in einer gefetteten, 33 × 23 cm grossen Form verteilen. Den Zucker in einem Topf mit schwerem Boden auf kleiner Flamme unter ständigem Rühren schmelzen, aber nicht braun werden lassen. Den heissen Sirup vorsichtig über die Nüsse giessen, dabei nicht rühren. Nach dem Erkalten in etwa 18 Stücke brechen.

Zitronenkekse

115 g Butter
85 g Zucker
Schale von 1 Zitrone
170 g Mehl
1 Eigelb
Lebensmittelfarben

Die Butter mit dem Zucker schaumig rühren. Abgeriebene Zitronenschale und Mehl zufügen. Zu einem Teig kneten und 3 mm dünn ausrollen. Verschiedene Formen ausstechen und jeweils mit einem Loch zum Aufhängen versehen. Die Kekse auf ein gefettetes Blech legen. Das verquirlte Eigelb in drei kleine Schälchen verteilen. Je 1/2 TL Lebensmittelfarbe einrühren. Die Kekse damit bemalen und bei 175 °C in 12 Minuten goldgelb backen. Ergibt 40 Stück.

Obsttörtchen

60 g Zucker
1 Ei, 1 Eigelb
30 g Speisestärke
590 ml Milch
1/2 TL Vanilleessenz
350 g Mürbeteig
Belegfrüchte, Aprikosenkonfitüre

Für die Vanillecreme den Zucker mit dem Ei und Eigelb cremig rühren. Zuerst Speisestärke, danach Milch und Vanilleessenz einrühren. Die Creme auf kleiner Flamme bis zum Siedepunkt erhitzen und zwei Minuten rühren, bis sie bindet. Mit Pergamentpapier bedecken und abkühlen lassen. Den Teig 3 mm dünn ausrollen. Kleine, gefettete Tartelettenförmchen damit auslegen und 15 Minuten bei 200 °C blindbacken.

Nach dem Abkühlen die Tartelettes mit der Creme füllen, mit den Früchten belegen und mit erwärmter Aprikosenkonfitüre glasieren. Ergibt 30 Stück.

FLORENTINER

170 g dunkle Kuvertüre
130 g geröstete Mandeln, Cashew- und Haselnüsse, kandierte Kirschen, Kumquats, Zitronen- und Orangenschale, kristallisierte Veilchen

Die Schokolade im Wasserbad schmelzen. Esslöffelweise auf gefettetes Pergamentpapier giessen. Vor dem Festwerden hübsch mit Mandeln, Nüssen, kandierten Früchten und kristallisierten Veilchen belegen. Nach dem Festwerden das Papier vorsichtig abziehen. Ergibt 15 Stück.

GRÜNE KRÄNZCHEN

85 g Butter
170 g Marshmallows (weisses Schaumkonfekt)
4 Tropfen Vanillearoma
1 TL grüne Lebensmittelfarbe
115 g Cornflakes
Kandierte Kirschen und Zuckerperlen als Garnitur

Die Butter über kleiner Flamme schmelzen. Die Marshmallows hineingeben und unter Rühren auflösen. Vanillearoma und grüne Lebensmittelfarbe einrühren, danach die Cornflakes unterheben. Kleine Häufchen auf Pergamentpapier setzen und in die Mitte jeweils ein Loch drücken. Vor dem Festwerden garnieren. Ergibt 12 Stück.

SAHNERÖLLCHEN

170 g Butter
230 g heller Rübensirup oder Melasse
60 g Zucker
1 TL gemahlener Ingwer
170 g Mehl
1 EL Weinbrand
Geschmolzene Schokolade und Schlagrahm

Die vier ersten Zutaten unter Rühren zum Kochen bringen. Das Mehl und den Weinbrand hineinrühren. Den Teig esslöffelweise im Abstand von 10 cm auf ein gefettetes Blech geben. Bei 175 °C 8 Minuten backen. Eine Minute abkühlen lassen, danach die Kekse um einen gefetteten Kochlöffelstiel aufrollen. Wenn sie schon zu hart sind, nochmals kurz in den Ofen geben. Nach dem Abkühlen die Enden der Röllchen in geschmolzene Schokolade tauchen.
Vor dem Servieren mit Schlagrahm füllen. Ergibt 25 Stück.

LEBKUCHENFIGUREN

115 g Butter
115 g brauner Zucker
85 g Rübensirup oder Melasse
1 Ei
285 g Mehl
1 TL Backpulver
2 TL gemahlener Ingwer
1 TL Zimt
Zitronenglasur und Zuckerperlen für die Garnitur

Butter und Zucker schaumig schlagen. Sirup und Ei einrühren. Mehl, Backpulver und Gewürze zufügen. Zu einem festen Teig kneten und 1 Stunde kühl stellen. Danach 3 mm dünn ausrollen. Figuren ausstechen und auf ein gefettetes Blech legen. Bei 175 °C 10 Minuten backen. Nach dem Abkühlen verzieren. Ergibt 35 Stück.

Zuckerbestäubte Blüten und Früchte

Zu Weihnachten darf man in den süssesten Süssigkeiten schwelgen. Zuckerbestäubte Blüten und Früchte leuchten verlockend unter ihrer schimmernden Kruste, die auf der Zunge zergeht. Überraschend viele Blüten und Blätter kann man auch essen: Rosen, Primeln, Stiefmütterchen, Obstblüten, Mimosen, ganz zu schweigen von den Blättern der verschiedenen Minzenarten, die besonders köstlich sind. Darüber hinaus sind ganze oder zerteilte Früchte unter einem zarten Zuckerschleier eine wunderschöne Tischdekoration – so lange, bis man ihnen nicht länger widerstehen kann!

Man benötigt

1 Eiweiss
230 g essbare Blüten, Blätter und Früchte
85 g feiner Kristallzucker

Arbeitsanleitung

Das Eiweiss verquirlen und mit einem Pinsel über Blüten, Blätter oder Früchte hauchdünn verstreichen. Auf Pergamentpapier ausbreiten und mit feinem Kristallzucker übersieben. An einem warmen Ort zwei bis drei Stunden trocknen lassen. So überzogene Blüten bleiben mehrere Tage taufrisch. Auch Früchte bleiben in perfektem Zustand.

Früchtepyramide

Zart mit Zucker überpudert, türmen sich grosse rote Pflaumen, pralle blaue Feigen, Limetten (ihren Saft kann man über die Feigen ausdrücken) und herbe, häppchengrosse Kumquats zu einer schimmernden Pyramide. Es sollten dafür nur die perfektesten Früchte ausgewählt werden.

Blumige Süssigkeiten

Gekaufter oder selbstgemachter weisser Nougat wird mit zart gezuckerten Primelblüten und Rosenblättern verziert.

MINZ-GARNIERUNG

Gezuckerte Minzblättchen geben dem exquisit süssen türkischen Geleekonfekt eine erfrischende Note.

BLÜTENBEDECKTE TORTE

Eine saftige Mandelcremetorte wird mit gezuckerten Stiefmütterchen, Mimosen, Primeln und Rosenblättern belegt, unterteilt durch gezuckerte Minzblättchen.

Götterspeisen – Jellies

Gelee wird oft geringgeschätzt. Für mich aber steht eine selbstgemachte Götterspeise mit an der Spitze der Desserts. Sie kann kühl und erfrischend wie ein Sorbet, cremig und sahnig wie eine Mousse und, in einer schönen Form gemacht, überaus dekorativ sein. Ein paar Tricks muss man jedoch kennen, wenn solch ein Gelee perfekt gelingen soll. So muss die Form stets gut geölt und mindestens eine Stunde im Kühlschrank gekühlt werden. Die Gelatine muss fünf Minuten im kalten Wasser weichen, danach langsam erhitzt werden, bis sie schmilzt. Dabei darf sie nicht gerührt, sondern nur sacht geschüttelt werden. Und für eine grosse oder hohe Form muss mehr Gelatine genommen werden, damit das Gelee nicht zusammenfällt.

Etwas ganz Besonderes

Als Kinder durften wir zu Weihnachten immer Portweingelee essen. Es war – mit dem Alkohol darin – etwas ganz Besonderes.

Phantastische Formen

Früher gab es viele originelle Kupferformen für Gelees und Eis. Wenn man keine alten Formen findet, hat man immer noch die Auswahl unter dem grossen Angebot an neuen Keramikformen.

Portweingelee

20 g Gelatinepulver, in 90 ml kaltem Wasser eingeweicht
1 grosse Zitrone, Saft und abgeriebene Schale
350 ml Wasser
1/2 Zimtstange
4 Gewürznelken
170 g Zucker
300 ml Portwein
60 g Preiselbeeren, frisch oder kandiert (siehe Seite 38)

Die Gelatine einweichen (siehe oben). Zitronensaft und -schale, Wasser, Zimt, Nelken und Zucker zusammen aufkochen. Vom Feuer nehmen und die Gelatine zufügen. Abkühlen lassen. Danach den Portwein einrühren. Durchseihen und die Hälfte in eine geölte 1-Liter-Form giessen. Die Preiselbeeren darübergeben. Im Kühlschrank stocken lassen. Das restliche Gelee einfüllen und über Nacht kühl stellen. Zwei Stunden vor dem Servieren aus dem Kühlschrank nehmen und eine Stunde vorher stürzen. Für 6 Personen.

FLAMMERI

30 g Gelatinepulver, in 120 ml Wasser eingeweicht
1 Zitrone, Saft und abgeriebene Schale
4 Eier
60 g Zucker
475 ml trockener Sherry
1 Prise Muskatnuss

Die Gelatine einweichen (siehe links). Soviel kaltes Wasser zugiessen, bis man 475 ml hat. Zitronenschale und -saft einrühren. Die Eier mit dem Zucker cremig rühren. Mit Sherry und etwas Muskatnuss in die Gelatinemischung quirlen. Im Wasserbad erhitzen, bis die Masse den Löffelrücken überzieht. Durch ein Sieb in eine Form giessen und über Nacht in den Kühlschrank stellen. Zwei Stunden vor dem Servieren herausnehmen und eine Stunde vorher stürzen.
Für 8 Personen.

MOKKAGELEE

Schokoladengelee
4 Eigelb
115 g Zucker
4 EL Kakaopulver
445 ml Milch
2 EL Rum
15 g Gelatinepulver, in 60 ml Wasser eingeweicht
150 ml Kaffeelikör

Kaffeegelee
445 ml Kaffee
115 g Zucker
15 g Gelatinepulver, in 60 ml Wasser eingeweicht
2 EL Kaffeelikör

Für das Schokoladengelee Eigelb, Zucker und Kakaopulver cremig rühren. Milch bis zum Siedepunkt erhitzen und langsam zufügen. Im Wasserbad weiterrühren, bis die Masse bindet. Abkühlen lassen und Rum sowie geschmolzene Gelatine (siehe links) einrühren. Kurz vor dem Festwerden Schlagrahm unterheben.
Für das Kaffegelee Kaffee zusammen mit Zucker erhitzen. Geschmolzene Gelatine und Kaffeelikör einrühren. Bis kurz vor dem Festwerden stehen lassen. Die Hälfte des Schokoladengelees in eine Form giessen. Nach dem Festwerden die Hälfte des Kaffeegelees darübergeben. Noch zwei Schichten übereinander geben. Über Nacht in den Kühlschrank stellen. Zwei Stunden vor dem Servieren herausnehmen und eine Stunde vorher stürzen. Dazu mit Rum abgeschmeckten Schlagrahm reichen.
Für 6 Personen.

GESCHMACK AUS ALTEN ZEITEN

Dieses nach einem alten Rezept zubereitete Flammeri besteht aus einer mit Zitrone gewürzten Sherrycreme.

MOKKAGESCHMACK

Das Gelee mit seinem verführerischen Mokkageschmack besteht aus hell- und dunkelbraunen Schichten von Schokoladen- und Kaffeegelee.

Schokoladentrüffeln

TRÜFFELN, BESONDERS DIE AUS SCHOKOLADE, sind die himmlischsten Versuchungen aller Zeiten. Sie sind «schokoladiger» als Schokolade und sahniger als Sahne. Mit Cognac, Rum oder Likör aromatisiert, sind sie eine Köstlichkeit, die einfach zum Weihnachtsfest gehört. Natürlich sind auch gekaufte Trüffeln gut, doch selbstgemachte sind nicht zu übertreffen. Man kann sie bereits einen Monat vorher zubereiten und bis zum Fest einfrieren.

Rosa Champagnertrüffeln

Vanilletrüffeln

Die Trüffeln nach dem Rezept für Sahnetrüffeln zubereiten. Dabei mit 1/2 TL Vanilleessenz statt mit Alkohol aromatisieren und ganz mit weisser Schokolade überziehen.

In Puderzucker gewendete Rumtrüffeln

Buttertrüffeln

285 g Kuvertüre
115 g Butter
60 ml Wasser
1 Eigelb
1 EL Rum, Cognac, Likör oder Espresso
Kakao und Puderzucker zum Bestäuben

Die Kuvertüre in kleine Stücke brechen. Unter Rühren mit der Butter und dem Wasser im heissen Wasserbad glattrühren. Danach das verquirlte Eigelb und die Aromazutat einrühren. In eine flache, mit Pergamentpapier ausgelegte Form (15 × 15 cm) streichen. Festwerden lassen. Danach in etwa 35 Würfel schneiden und diese in Kakao oder in mit Puderzucker vermischtem Instantkaffee wälzen. Sie halten sich eine Woche im Kühlschrank oder einen Monat im Gefrierschrank.

Doppelt getauchte Trüffeln

Mit Grand Marnier aromatisierte Sahnetrüffeln werden in dunkle und weisse Schokolade getaucht. Die Trüffeln auf ein Spiesschen stecken, zur Hälfte in geschmolzene dunkle Schokolade tauchen, festwerden lassen. Danach die andere Hälfte in weisse Schokolade tauchen.

Sahnetrüffeln

285 g Kuvertüre
115 g Butter
300 ml Rahm
2 EL Rum, Cognac, Likör oder Espresso

Die Kuvertüre zerbröckeln und mit der Butter im heissen Wasserbad glattrühren. Den Rahm bis zum Siedepunkt erhitzen und in die Masse rühren. Aromazutat zufügen. Abkühlen und im Tiefkühler gefrieren lassen. Danach 2 cm grosse Bällchen abstechen, in geschmolzene Schokolade tauchen und den Überzug festwerden lassen. Die Trüffeln halten sich eine Woche im Kühlschrank oder einen Monat tiefgefroren. Ergibt 20 Stück.

Rumtrüffeln

Buttertrüffeln mit Rum aromatisieren und in Kakaopulver wälzen.

Rosa Champagnertrüffeln

Mit Champagner aromatisierte Sahnetrüffeln werden in flüssige weisse, mit Lebensmittelfarbe zartrosa gefärbte Schokolade getaucht.

Schokoladenglasur für Trüffeln

Schokolade schmelzen. Die Trüffeln auf ein Spiesschen stecken und in die Schokolade tauchen, so dass sie ganz damit überzogen sind. Mit dem Spiesschen nach unten auf ein Kuchengitter setzen und das Spiesschen herausziehen.

Sahnetrüffeln, mit dunkler Schokolade überzogen

Tia-Maria-Trüffeln

Das Kaffee-Aroma des Tia-Maria-Likörs wird durch das Gemisch von Puderzucker und Instantkaffeepulver verstärkt, in dem diese Trüffeln gewälzt werden.

Mandeltrüffeln

Sahnetrüffeln mit Amaretto aromatisieren und in flüssige, mit gerösteten Mandelsplittern vermischte Schokolade tauchen.

Schokoladenblüte

340 g weisse Schokolade mit 3 EL Ahornsirup im heissen Wasserbad glattrühren. Aus der erkalteten Masse Blütenblätter formen. 1 TL geschmolzene Schokolade in eine mit Frischhaltefolie ausgekleidete Tasse giessen. Die Blütenblätter leicht in Wellenform drücken und von aussen nach innen anordnen. Zuletzt zwei zusammengezwirbelte Blätter in die Mitte stecken. Die Blüte erst nach dem Festwerden aus der Tasse nehmen.

Petits fours

Petits fours sind leichte kleine Süssigkeiten, die am Ende eines festlichen Essens zu einer Tasse Kaffee genascht werden. Ludwig der XVI. soll ihnen ihren Namen gegeben haben nach den kleinen Öfen, in denen sie damals gebacken wurden. Seine Petits fours waren wahrscheinlich kleine Biskuitkuchen. Heute werden oft auch andere süsse Kleinigkeiten so bezeichnet.

Ich mochte schon immer fruchtige Petits fours, weil sie nach einem reichlichen Essen so erfrischend schmecken. Mit Himbeeren gefüllte Teigförmchen und in Fondant oder Schokolade getauchte Früchte sind das perfekte Finale eines festlichen Mahls.

Gefüllte Pflaumen

Armagnac- oder Cognacpflaumen mit Aprikosenpüree (siehe Seite 37) oder mit aus kleinen Marzipanstreifen gerollten Röschen füllen.

Himbeeren in Tulpenbechern

Drei Eiweiss verquirlen und mit 200 g Mehl und 115 g Puderzucker vermischen. Danach 115 g abgekühlte, flüssige Butter einrühren. Den Teig teelöffelweise auf ein gefettetes Blech geben und mit dem Löffelrücken so dünn wie möglich in 7,5 cm grosse Kreise ausstreichen. Bei 220 °C in 3 Minuten hellbraun backen. Noch warm über umgedrehten Eierbechern zu Tulpen formen. Vor dem Servieren mit zuckerbestäubten Himbeeren füllen. Für 40 Stück.

In Fondant getauchte Früchte

225 g Fondantmasse im heissen Wasserbad unter Rühren mit einem Holzlöffel schmelzen. Nach Belieben mit 1 EL Kirsch oder Cognac aromatisieren. Früchte am Stiel fassen und in den Fondant tauchen. Mit der getauchten Hälfte nach oben auf Pergamentpapier legen und trocknen lassen. Ausreichend für etwa 40 Stück.

Profiteroles und Nüsse in Karamel

Aus 4 EL Wasser und 115 g Zucker einen hellen Karamel kochen. Profiteroles (kleine Windbeutel) auf ein Kuchengitter über Pergamentpapier setzen und löffelweise mit flüssigem Karamel überziehen. Kleine Nusshäufchen auf eine Marmorplatte setzen und mit dem restlichen Karamel überziehen. Nach dem Festwerden mit einem Spatel ablösen. Für 12 Profiteroles und 10 Nusshäufchen. Noch am gleichen Tag essen.

Zweifach getauchte Früchte

Weisse Schokolade im Wasserbad schmelzen. Eine frische oder kandierte Frucht mit einer Seite in die Schokolade tauchen. Auf Pergamentpapier trocknen lassen. Dunkle Schokolade schmelzen und die andere Seite der Frucht tauchen.

Schokoladenfrüchte

Helle oder dunkle Schokolade im heissen Wasserbad schmelzen. Frische oder kandierte Frucht mit einer Seite in die Schokolade tauchen. Auf Pergamentpapier trocknen lassen.

Marzipankonfekt

Für die Marzipanspiralen 225 g Marzipan halbieren und jede Hälfte in einem anderen Ton mit Lebensmittelfarbe färben. In zwei Rechtecke 3 mm dünn ausrollen. Eines davon mit verquirltem Eiweiss bestreichen, mit dem anderen bedecken und längs aufrollen. Die Rolle in 1,5 cm dicke Scheiben schneiden. Ergibt etwa 40 Stück. – Für das Schachbrettkonfekt 225 g Marzipan in drei Teile teilen und verschieden färben. Davon zwei Teile in lange Stränge rollen. Die Stränge seitlich abflachen und längs halbieren. Mit verquirltem Eiweiss bestreichen und farblich versetzt zu einem Strang zusammensetzen. Das restliche Marzipandrittel dünn ausrollen, mit Eiweiss bestreichen und damit den Strang umwickeln. In 1,5 cm dicke Scheiben schneiden. Ergibt 40 Stück.

LETZTE VORBEREITUNGEN

Der grosse Tag ist endlich da! Meiner Meinung nach hilft es sehr, eine Liste von all dem zu machen, was jetzt noch erledigt werden muss. Nur so vergesse ich nicht, die Blumen, die noch in einem Eimer warten, in Vasen zu ordnen, den Weisswein zu kühlen und den bereits fertigen Salat und den Käse anzurichten. Es ist besser, wenn das Fest am Abend stattfindet, da man so noch genügend Zeit für die letzten Vorbereitungen hat. Denken Sie daran, dass sie diesen Tag geniessen sollen! Haben Sie also viele fröhliche Helfer zur Hand.

Frisch und duftend
Wohlriechende dunkelrote und weisse Rosen, weisse Tulpen, würzig duftende Lilien, Rispen von zartrosa und goldgelben Orchideen, Zimmeraralienblätter und aparte Känguruhpfoten quellen üppig aus einer weit ausladenden Vase, wirkungsvoll vor goldenen Sternen auf grünem Grund arrangiert.

Gefüllte Stiefel

Als Kind fand ich das Warten auf meinen gefüllten Stiefel schier unerträglich. Ich schlief unruhig und war daher am Weihnachtstag müde und schlecht gelaunt. Mein Lieblingsstiefel musste natürlich so gross sein, dass viele kleine und auch ein wirklich grosses Geschenk darin Platz hatten. Mindestens ein Geschenk musste oben unverpackt herausschauen – als Vorgeschmack auf das, was noch zum Vorschein kommen sollte.

Blau und Rosa

Ein Stiefel in Rosa und Kornblumenblau ist prall gefüllt mit Geschenken. Ein gestricktes Schweinchen mit wehenden Ohren wartet schon darauf, herausgeholt zu werden, damit der weitere Inhalt erforscht werden kann.

Festliche Streifen

Ein Teddybär mit einem kleinen Päckchen guckt aus dem rot-grün-gestreiften Stiefel heraus und verlockt den Beschenkten, nach mehr zu suchen. Die Streifen sind abgesteppt und an der Stulpe quer verarbeitet. Diese ist mit einer rot-grünen Schleife und einer Borte besetzt.

Sattes Rot und Gold

Der rot-gold-karierte, diagonal abgesteppte Stiefel hat eine mit Kordeln eingefasste, leuchtend rote Satinstulpe. Im Stiefel warten schon ein Spielzeugsoldat und bunte Zuckerstangen auf den glücklichen Empfänger.

Immergrüner Stiefel

Ein gestricktes Häschen und ein kleiner Stechpalmenzweig ragen über den Rand dieses Stiefels aus Stoff in sanften Grün-, Grau- und Rottönen. Die grüne Satinstulpe ist mit Kordeln abgesetzt. Kleine rote Wollknötchen bilden lustige Farbtupfer.

Man benötigt

je zweimal 60 × 30 cm Oberstoff, Wattierung und Futterstoff für den Stiefel
je einmal 25 × 15 cm Oberstoff, Wattierung und Futterstoff für die Stulpe
20 × 5 cm Stoff für die Schlaufe
Stecknadeln, Nähseide, Kordeln und Borte

Arbeitsanleitung

Das Nähen der Stiefel ist einfach. Ihre Wirkung erhalten sie durch originelle Stoffe und Borten. Für Stiefel und Stulpen zuerst die Wattierung zwischen Oberstoff und Futterstoff legen, mit Nadeln feststecken und anschliessend absteppen. Mittels der Schablonen auf Seite 117 zwei Stiefelhälften, Stulpe und Schlaufe ausschneiden. Den Strumpf zusammennähen und mit Borten und Kordeln verzieren.

Karierter Strumpf

Ein grosskarierter roter Strumpf, mit goldgelber Kordel und Satinband verziert, hat Raum für eine Menge Geschenke.

Dekorative Geschenkverpackungen

Suchen Sie nach ausgefallenen Geschenkschachteln – die Auswahl in den Läden ist enorm – und schmücken Sie sie dann noch mit eigenen Zutaten. Einfache Schächtelchen kann man nach den Schablonen auf Seite 117 aus leichter Pappe basteln, die vorher mit einem beliebigen Geschenkpapier oder mit bunten Seiten aus Zeitschriften beklebt wurde. Man kann aber auch aus hübschen Stoffen kleine Bündel machen.

Prismenschachteln

Ich suche immer in alten Zeitschriften nach reizvollen Abbildungen, um damit solche Schachteln zu bekleben. Mit einem Locher habe ich rote Papierpunkte ausgestanzt und sie als Beeren auf das schwarz-weiss gemusterte Papier geklebt.

Verschnürtes Bündel

Ein Stück glänzender Chintz, mit einer grünen Schleife zusammengebunden, ist eine ideale Verpackung für ein kleines Geschenk. Ist das Bündel leicht genug, kann man es an den Christbaum hängen.

Miró-Truhe

Die kleine Geschenktruhe wurde mit der Abbildung eines Gemäldes von Miró beklebt.

Gemusterte Pyramide

Pyramidenförmige Schächtelchen mit Süssigkeiten füllen und an den Christbaum hängen. Als Aufhänger einen Faden mit einer Nadel durch die Pyramidenspitze ziehen und verknoten.

Reiche Farbenpracht

Verschnüren Sie ihre Geschenkschachteln mit grossen Schleifen (siehe Seite 96–97). In buntes Geschenkpapier gewickelte Schachteln verlangen nach passenden oder kontrastierenden Schleifen, Bändern oder Kordeln. Lassen Sie Ihrer Phantasie freien Lauf!

Blumen-Dekorationen

Eine getrocknete Pfingstrosenblüte bildet einen luftig-üppigen Schmuck für eine gekaufte ovale Schachtel. Die Blüte vorsichtig kurz über Dampf (aus der Tülle des Wasserkessels) halten, um sie aufzufrischen.

Weihnachtliche Verpackungen

So kann man liebevoll ausgesuchte Geschenke perfekt verpacken, bevor sie unter den Weihnachtsbaum gelegt werden.

Verpackungen aus Stoff

1 *Aus fester Pappe ein Quadrat in passender Grösse als Boden für das Geschenk schneiden. Ein kreisrundes Stück steifen Stoff, das etwa den fünffachen Durchmesser des Pappquadrats hat, zuschneiden.*

2 *Das Geschenk auf die Pappe in die Stoffmitte setzen. Um das Geschenk herum Stoff in Falten zu einem Bündel raffen. Mit einem Band fest verschnüren und mit einer Schleife schmücken.*

Verpackungen aus Papier

1 *Einen Bogen Papier nehmen, der einige Zentimeter länger als der Umfang der Schachtel ist und $1^1/_2$ mal die Breite der Schachtel hat. Eine Längskante des Bogens mit doppelseitig klebendem Klebstreifen auf der Schachtel festkleben. Für einen glatten Rand das andere Ende knapp falzen.*

2 *Das gefalzte Ende um die Schachtel schlagen und festkleben. Dann die Seiten der Schachtel verschliessen: Das Papier oben umschlagen und an der Schachtel festkleben. Die Falten, die sich dabei an den Ecken der Schachtel bilden, kniffen. Unten ebenso verfahren.*

3 *Beide gekniffenen Enden umschlagen und festkleben. Danach die letzte Lasche umschlagen und festkleben. Mit dem anderen Ende ebenso verfahren.*

KUNSTVOLLE SCHLEIFEN

VERWENDEN SIE BÄNDER in allen Farben des Regenbogens aus den verschiedensten Materialien und binden Sie daraus üppige Schleifen. Flatternde Schleifen in brillanten Farben geben Weihnachtsbäumen, Kränzen, Girlanden und Geschenken oft erst den letzten Schliff.
Binden Sie die Schleifen für den Weihnachtsbaum und die Girlanden schon lange im voraus, für die Geschenke jedoch erst nach dem Verpacken, damit die Schleifen genau auf die Verpackung abgestimmt werden können.

Doppelschleife aus blauem und drahtverstärktem silbrigem Band

Einfache Schleife aus goldgerändertem rotem Band

Einfache Schleife aus metallischem mauvefarbenem Band

Doppelschleife aus Papierband und gestreiftem Ripsband

EINFACHE SCHLEIFEN

Das Band einlagig in zwei Achten übereinanderlegen (siehe Grundtechnik). Die herabhängenden Enden schräg abschneiden.

BINDE-TECHNIKEN

NACH DER GRUNDTECHNIK werden einfache, Doppel- und Rosetten-Schleifen gebunden. Die Schlaufen auseinanderzupfen und in der Mitte raffen.

GRUNDTECHNIK

1 Etwas Band abwickeln und das lose Ende als Schlaufe über den noch aufgewickelten Rest schlagen. Mit Daumen und Zeigefinger festhalten.

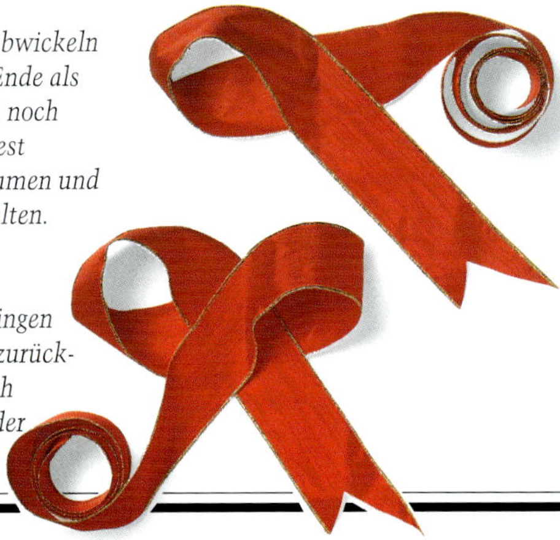

2 Die zweite Schlaufe schlingen und das Band so zurückschlagen, dass sich die Schlaufen in der Mitte kreuzen.

3 Nun eine dritte Schlaufe schlingen und das längere Ende über die Mitte der Schleife schlagen.

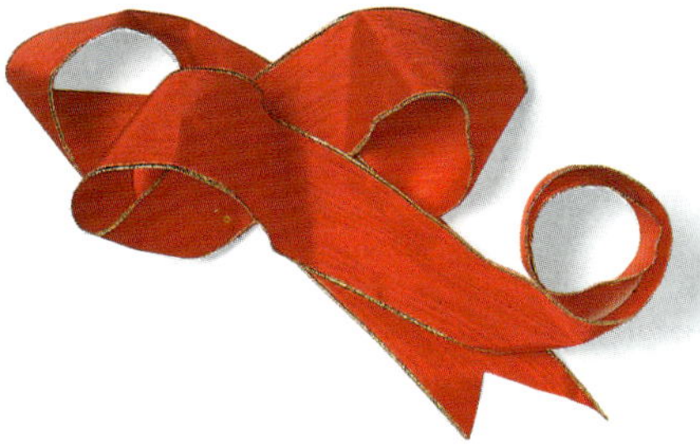

4 Eine weitere Schlaufe machen und das Bandende so über die Schleifenmitte schlagen, dass ein zweites Kreuz entsteht.

Doppelschleife

Eine Doppelschleife macht man aus zwei oder mehreren übereinandergelegten Bändern, die dann wie eine einfache Schleife gebunden werden. Ideal für grosse Geschenke.

Mehrfachschleife

Schleifen aus dünnem Band, Bindfaden oder Kordel sehen besonders hübsch aus, wenn sie viele Schlaufen und geringelte, lange Enden haben.

Mehrfachschleife aus feinem, pastellfarbenem Band

Rosettenschleife aus sternbedrucktem blauem Seidenband

Rosettenschleife aus grünem Seidenband mit drahtverstärktem rosa Rand

Rosettenschleife aus gestreiftem Seidenband

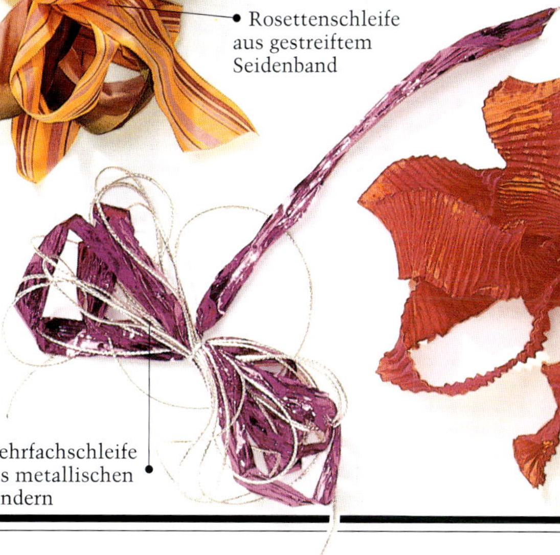

Mehrfachschleife aus metallischen Bändern

Rosettenschleife aus pink und orange schillerndem Taftband mit drahtverstärktem Rand

Rosetten-Schleife

Eine Rosettenschleife macht man, indem man eine einfache oder eine doppelte Schleife mit mehreren Schlaufen bindet. Die Schlaufen fallen rosettenförmig wie eine Blüte auseinander.

5 *Die Schleifenmitte mit den Fingern zusammenraffen.*

6 *Mit dünnem Draht oder dünnem Band die Schleifenmitte fest zusammenbinden. Die Schlaufen auseinanderziehen und die beiden Enden nett zurechtzupfen.*

Mehrfachschleife

1 *Ein langes Stück dünnes Band, Kordel oder Bindfaden mehrfach um die Hand wickeln. Von der Hand ziehen, festhalten und zu einer Acht drehen.*

2 *Mit einem Stück des gleichen Bandes die Mitte fest zusammenbinden. Die Enden lang lassen. Die Schlaufen auseinanderziehen und die Bandenden ringeln, indem man sie über eine Messerschneide zieht.*

Duftblumen-Baum

Einen geschmückten Weihnachtsbaum kann man sich als grosses Blumenarrangement vorstellen. Das brachte mich auf die Idee, einmal einen Baum mit frischen, duftenden Blumen zu schmücken. Damit sie etwa eine Woche halten, habe ich sie in wassergefüllte Cellophanbeutel, in kleine Töpfe und in Körbchen mit feuchter Steckmasse gesteckt.

Duftende Sträusschen
Kornblumen, Schleierkraut und eine weisse Tulpe in einem wassergefüllten Cellophanbeutel, der mit einer blauen Schleife zugebunden ist.

Blumentöpfe
Als Aufhänger kleben Sie eine Goldkordel an die kleinen Tontöpfe, bei den grösseren binden Sie die Kordel um den

Blumenkörbchen
Machen Sie den Aufhänger lang genug, damit sich die Blumen nicht in den Zweigen verfangen.

Man benötigt

für einen 1,80 m hohen Baum:
1 Terrakotta-Kübel von 43 cm Durchmesser
2 weisse Lichterketten
3 Bund Schleierkraut
60 Kornblumen
30 Stiele Rittersporn
40 Tulpen
30 Traubenhyazinthen
30 Miniproteen
7 m Ranken von Zierspargel (Asparagus medeoloides)
40 Anemonen
20 Mini-Tontöpfe
15 kleine Tontöpfe
30 kleine Körbchen
Plastikfolie
6 Blöcke Steckmasse, je 23 x 11 x 8 cm
20 Bogen Cellophanpapier, je 31 x 23 cm
1 m Aufhängeband
1 m Goldkordel

Duftendes Schleierkraut
Für alle Gestecke, die an diesem Baum hängen, habe ich etwas Schleierkraut verwendet. Seine zarten, frostig weissen Blüten verströmen einen leichten Honigduft.

Grüne Girlande
Das Stielende wird angeschnitten und in ein mit Wasser gefülltes Röhrchen gesteckt.

Miniatur-Gestecke

Verwenden Sie für diese Gestecke leichte Gefässe, dênn die feuchte Steckmasse gibt ihnen schon ein erhebliches Gewicht.

Blumenkörbe und -Töpfe

1 *Aus der Plastikfolie Kreise ausschneiden; ihr Durchmesser muss zweimal die Höhe plus den Durchmesser der Grundfläche des Gefässes betragen. Die Gefässe mit feuchter Steckmasse füllen.*

2 *Zum Aufhängen an die Henkel der Körbe Bändchen knoten und an den Rand der Töpfchen Kordelschlaufen kleben.*

3 *Die Blumenstiele tief in die Steckmasse stecken. Die Arrangements müssen niedrig sein, damit sie nicht kippen.*

Blumen in Cellophan

1 *Kleine Sträusse binden. Alle Blätter von den 10 cm langen Stielen streifen. Das Sträusschen auf die Ecke eines 31 x 23 cm grossen Bogens Cellophanpapier legen.*

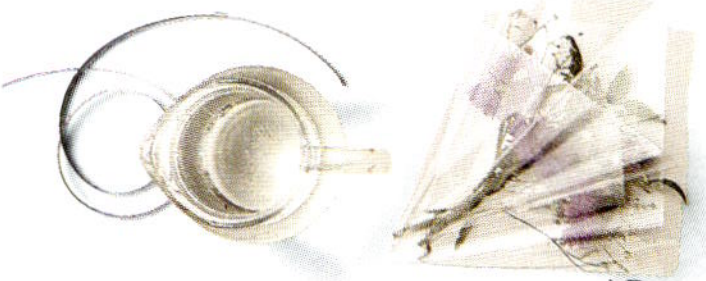

2 *Das Cellophanpapier um die Stiele schlagen, mit Wasser füllen und dicht unter den Blüten mit einem Band zubinden. Die Enden zu einem Aufhänger verknoten. Danach prüfen, ob der Beutel wasserdicht ist.*

Rosen und Mimosen

Für Menschen, die Weihnachten im kalten, dunklen Winter feiern müssen, ist es tröstlich zu wissen, dass der Frühling nicht mehr fern ist. In den Wochen vor Weihnachten sind die Blumenläden bereits mit Frühlingsblumen – Tulpen, Osterglocken, Hyazinthen und Mimosen – gefüllt und natürlich auch mit Rosen, Lilien und Freesien, die das ganze Jahr über beliebt sind. Nutzen Sie dieses reichhaltige Angebot und zaubern Sie daraus ein sonnig-gelbes Arrangement aus zarten Frühlingsblumen oder üppigen Sommerblüten als eine willkommene Abwechslung vom üblichen Rot-Grün der Weihnachtszeit. Hier habe ich zart duftende Blüten in Form eines Miniaturbäumchens arrangiert und dazu eine passende Girlande gemacht. Die Formen und der Duft von Rosen, Ranunkeln, Dilldolden, Rosmarin und gelbem Zierpaprika mischen sich aufs köstlichste und sehen aus, wie für einander bestimmt.

Miniaturbäumchen

Man benötigt

1 Plastiktopf von 15 cm Durchmesser
1 quadratischer Terrakottatopf von 18 × 18 cm
Gips
1 Birkenast, 40 cm lang
1 Block Steckmasse, 13 × 9 × 7,5 cm
40 × 40 cm Maschendraht
Bindedraht
45 Mimosenzweige
18 gelbe Rosen
18 weisse Ranunkeln
12 Dilldolden
5 Handvoll Moospolster

Arbeitsanleitung

Den Plastiktopf in den Terrakottatopf stellen und mit angerührtem Gips füllen. Den Birkenast hineinstecken und abstützen, bis der Gips festgeworden ist. Ein Loch in die angefeuchtete Steckmasse schneiden, damit man sie auf den Ast stecken kann. Mit Maschendraht umwickeln und diesen mit Bindedraht fixieren. Die Steckmasse mit den Blumen bestecken und den Gips mit den Moospolstern bedecken.

Girlande

Man benötigt

120 × 15 cm Maschendraht
12 Handvoll feuchtes Moos
70 Mimosenzweige
40 Rosmarinzweige
24 gelbe Rosen
20 Stiele blühender Dill
15 Büschel gelber Zierpaprika
2 Stücke Maschendraht, je 30 × 15 cm
Bindedraht

Arbeitsanleitung

Eine moosgefüllte Steckrolle aus dem langen Stück Maschendraht machen (siehe Seite 57) und sie für den Mittelteil in die geschweifte Bogenform biegen. Mit zwei Drittel des Pflanzenmaterials bestecken. Dabei von den Enden zur Mitte hin arbeiten. Für die hängenden Enden der Girlande aus den kleineren Stücken Maschendraht Steckrollen formen und mit den restlichen Blüten und Laub bestecken, dabei von unten nach oben arbeiten. Mit Bindedraht am Mittelteil befestigen.

Haltbare Girlande

Diese süssduftende, goldgelbe Girlande sieht an der Wand über einer Anrichte oder einem Kaminsims entzückend aus. Man kann sie beliebig lang machen. Sie hält sich monatelang. Zwar muss man die verwelkten Rosen entfernen, doch die anderen Blüten und das Laub trocknen langsam ab und verblassen dekorativ.

Blütenbäumchen

Ein seitlich geneigter Baumstamm lässt das Bäumchen viel interessanter aussehen, als wenn es ganz symmetrisch wäre. Die Blumen halten sich lange frisch, wenn man jeden Tag ein paar Eiswürfel auf die Steckmasse legt.

Blumenarrangement

Blumen aus aller Welt füllen die Läden zu Weihnachen. Zum Fest kann man die wunderschönsten Frühlings- und Sommerblumen in den prächtigsten Farben zusammenstecken. Ich versuche immer in ein festliches Arrangement ein leuchtendes Rot zu bringen. Hier ist diese hinreissende Farbe in allen Schattierungen vorhanden – vom zarten bis zum kräftigen Rosa, vom hellen bis zum dunklen Orange. Fügen Sie auch Früchte, etwa einige Weintrauben, hinzu, damit dieser Tischaufsatz noch üppiger wirkt. Ich streue gern einige Blütenblätter oder Blüten um das Arrangement auf den Tisch. Wenn Blütenblätter abfallen, lassen Sie sie einfach liegen. Stimmen Sie die Grösse des Arrangements auf die Grösse des Tisches ab, damit die Blumen die Gäste beim Essen nicht behindern.

Man benötigt

1 Steckigel
1 gläserne Stielvase
Floristenton
1 Block Steckmasse, 13 × 9 × 7,5 cm
Gold- oder Silberspray oder Silbermoos
Blumendraht
3 Weintrauben
20 Mohnblüten
15 Nelken
10 Eukalyptuszweige
10 Tulpen
8 Nerinen
7 Löwenmäulchen
6 Stiele Euphorbia marginata
5 Lilien
5 Amaryllis
4 Orchideenrispen

Arbeitsanleitung

Den Blumenigel am Vasenboden mit Floristenton festkleben und die Steckmasse daraufspiessen. (Die Seiten der Vase mit Gold- oder Silberspray besprühen oder mit Silbermoos auskleiden, damit die Steckmasse verdeckt wird.) Zuerst die Weintrauben andrahten und feststecken. Danach die Blüten nacheinander so hineinstecken, dass sie aus der Vasenmitte üppig über den Rand quellen. Einen besonderen Blickfang erhält man, wenn man mehrere Nelken dicht unter ihren Köpfen zusammenbindet.

Verschwenderische Pracht

Kräftiges Rosa, goldenes Orange und prächtiges Rot wetteifern miteinander. Durch die raffinierte Mischung der Farben und Formen wirkt das Gesteck frisch und heiter. Der würzige Duft der zartrosa Lilien umhüllt das Ganze.

Festliche Gedecke

Schöne Blumen zusammen mit Duftkerzen schaffen die passende Atmosphäre für ein festliches Essen, an das man noch lange gern zurückdenkt. Hier wiederholen sich in den kleinen Gestecken und in den Kränzchen, die die Duftkerzen umgeben, die Blumen des Tischaufsatzes. Bestellen Sie die Blumen rechtzeitig, denn die schönsten sind am Heiligen Abend längst verkauft. Machen Sie bereits am Tage vor dem Fest in aller Ruhe die Blumengestecke.

Kleine Sträusschen

Kleine Sträusse aus einigen Blüten und Zweigen wie im grossen Gesteck stehen in kleinen Gläsern neben jedem Gedeck.

Serviettenring

Man braucht

1 m Silberband mit drahtverstärktem Rand
Silberkordel
2 kleine Efeuzweige
Klebstoff
1 Anemonenblüte

Abeitsanleitung

Das Silberband in ein 30 cm und in ein 70 cm langes Stück schneiden. Eine Schlaufe für die Serviette in das kurze Stück knoten und die Enden lang lassen. Aus dem langen Stück eine einfache Schleife mit drei Schlaufen binden (siehe Seite 96–97). Mit Silberkordel am Knoten der Serviettenschlaufe befestigen. Alle Bandenden schräg schneiden. Eine Stunde vor dem Essen den Efeu mit Silberkordel zusammenbinden, die Anemonenblüte aufkleben und das Sträusschen mit Silberkordel an der Schleife befestigen.

Bunter Strauss

Blumen in Weiss, Gelb, Rosa, Rot und Lavendelblau sind nach Farben angeordnet. Dazwischen rankt sich zartblättriger Efeu. Einige der Blumen sollten süss, jedoch nicht zu stark duften. Wenn man das Gesteck einen Tag vor dem Fest aus sehr frischen Blumen macht, müsste es an einem kühlen Platz etwa eine Woche halten.

Kerze im Blumenkranz

Zartduftende, mit Blumen umsteckte Kerzen stehen in kleinen Gläsern. Diese sind mit Wasser gefüllt, damit die Blumen nicht verwelken.

Schmückendes Beiwerk

Es sind die kleinen Extras, die einen festlichen Tisch so einladend machen. Zusätzlich zu einem schönen Blumengesteck in der Tischmitte wirken zarte Girlanden aus Tannengrün und Beeren, die sich um die Teller winden, ganz bezaubernd. Ausserdem kann man ein kleines Blumengebinde, das die Gäste später mit nach Hause nehmen dürfen, hinten an die Rückenlehne der Stühle binden. Machen Sie den Blumenschmuck für die Tischmitte und die kleinen Blumengebinde für die Stühle bereits am Vortag fertig, doch hängen Sie die Gebinde frühestens eine Stunde vor dem Essen an die Stuhllehnen. Für die Tellergirlanden benötigen Sie viel Zeit, deshalb sollten Sie sie einige Stunden vorher binden und bis zum Essen an einem kühlen Ort aufbewahren. Wenn man die zarten Efeuzweige weglässt, können die Girlanden bereits am Vortag gemacht werden.

Tellergirlande

Pflanzenmaterial in den traditionellen Weihnachtsfarben wird als Girlande um jeden Teller gelegt.

Efeuzweige

Douglasfichte

Papierschleife

Tellergirlande

MAN BENÖTIGT

2 Blumendrähte, je 30 cm lang
grünes selbstklebendes Blumenband
20 Douglasfichtenzweige
15 buntblättrige Efeuzweige
10 Zwergmistel- oder Stechpalmenzweige mit Fruchtstand
Bindedraht
rote Papierschleife
(siehe Seite 96–97)
rotes Papierband

Arbeitsanleitung

Die beiden Drähte zu einem 60 cm langen Stück zusammendrehen. Den Draht mit selbstklebendem grünem Blumenband umwickeln. Links beginnen und das Pflanzenmaterial überlappend mit Bindedraht an den umwickelten Draht binden. Zweige von unterschiedlicher Länge verwenden. Die Pflanzenstiele am Ende der Girlande sauber mit Blumenband umwickeln. Als Abschluss eine Schleife aus einem passenden Band an der Girlande befestigen. Die Girlande so um den Teller legen, dass der Gast noch genug Platz zum Essen hat.

Blickfang

Ein locker gestecktes Blumenarrangement aus grüngelben Orchideen, roten Anemonen, duftenden Rosen und Fichtenzweigen. Denken Sie daran, dass das Gesteck niedrig sein muss, damit die Gäste einander sehen und sich ungehindert unterhalten können.

Blumengebinde für den Stuhlrücken

Man benötigt

2 rote Anemonen
3 rote Rosen
2 Rispen grünlichgelbe Miniatur-Orchideen
1 Efeuzweig
4 kleine Fichtenzweige
Bindedraht
rote Papierschleife *(siehe Seite 96–97)*
rotes Papierband
Sicherheitsnadeln

Arbeitsanleitung

Die Zweige und Blumen zu einem flach aufliegenden Gebinde arrangieren. Die Stiele mit Blumendraht umwickeln und ins Wasser stellen. Die Gebinde etwa eine Stunde vor dem Essen aus dem Wasser nehmen und die Stiele trockentupfen. Die Schleife an der Vorderseite der Gebinde befestigen. Die Schleifenenden lang lassen, um das Gebinde daran an die Lehne zu binden, oder bei einem Polsterstuhl kürzen und das Gebinde mit Sicherheitsnadeln hinten an der Rückenlehne befestigen.

Bowlen und Drinks

Weihnachten und Silvester ist auch die Zeit für Bowlen und Drinks. Garniert man sie mit etwas Sorgfalt, sehen sie besonders festlich aus. Alle Autofahrer werden ein leichtes, erfrischendes nichtalkoholisches Getränk zu schätzen wissen wie die Fruchtbowle, die mit Hagebutten, Zitrusfrüchten und Traubensaft aromatisiert ist. Wer es spritziger mag, sollte die perlende Champagnerbowle versuchen. Ich habe hier auch ein paar stärkere und gehaltvollere Drinks hinzugefügt: einen Eggnog, der so steif ist, dass ein Löffel darin steht, einen Glühwein, der geradezu nach Weihnachten duftet, und einen aparten Pfirsich-Drink.

Eggnog

6 Eier, getrennt
85 g Zucker
1/4 TL gemahlene Muskatnuss
150 ml Cognac oder Whisky
250 ml Sahne

Eigelb, Zucker und Muskatnuss schaumig schlagen. Alkohol und Sahne zufügen. Das Eiweiss zu steifem Schnee schlagen und darunterheben. Kalt stellen. Für 8 Gläser.

GLÜHWEIN

475 ml Wasser
5 Gewürznelken
4 Pimentkörner
½ Zimtstange
Schale von einer unbehandelten Orange
2 TL Zucker
1 Flasche Rotwein
Orangenschalenstreifen als Garnitur

Wasser, Gewürze und Orangenschale zum Kochen bringen. Vom Feuer nehmen, den Zucker einrühren und 30 Minuten ziehen lassen. Durchseihen und den Wein zufügen. Wieder bis zum Siedepunkt erhitzen. Garnieren und servieren. Ergibt 8 Gläser.

PFIRSICH-DRINK

2 Flaschen Pfirsichwein
100 ml Kirschwasser
100 ml Blue Curaçao
Saft von ½ Zitrone
2 weisse Pfirsiche, geschält, in Scheiben als Garnitur

Alle Zutaten in einer Bowlenschale vermischen. Mit Pfirsichscheiben garnieren und servieren. Für 15 Gläser.

CHAMPAGNER-BOWLE

2 Flaschen Champagner
750 ml Sodawasser
200 ml Cognac
1 EL Zucker
Scheiben von Kiwi und Sternfrucht, gezuckerte Trauben als Garnitur

Gut gekühlten Champagner und Sodawasser mit den anderen Zutaten in einem grossen Bowlen-Gefäss vermischen. Mit Fruchtscheiben und gezuckerten Trauben garnieren und sofort servieren. Für 15 Gläser.

FRUCHT-BOWLE

140 g Zucker
je 900 ml Wasser, Traubensaft und Ginger Ale
je 475 ml Johannisbeersaft, starker Malvenblüten- und Hagebuttentee
Saft von 6 Limetten, 4 Grapefruits und 4 Orangen
Crushed Ice und Früchte als Garnitur

Den Zucker über geringer Hitze im Wasser auflösen. Den abgekühlten Zuckersirup in eine grosse Bowlenschale schütten und mit den anderen Zutaten verrühren. Kalt stellen. Kurz vor dem Servieren Crushed Ice zufügen. Mit Johannisbeeren und mit Scheiben von Lychees, Limetten, Kumquats oder Granatäpfeln garnieren. Für 30 Gläser.

Sushi-Buffet

Die Japaner legen grossen Wert sowohl auf den Geschmack wie auch auf das Aussehen der Speisen. Zu ihren bekanntesten Gerichten gehören die köstlichen und höchst dekorativen Sushi, die mittlerweile auch ausserhalb Japans geschätzt werden. Ein Sushi-Buffet ist ein ganz besonderes und sehr originelles Essen für ein festliches Treffen von Verwandten und Freunden. Die pikanten kleinen Leckerbissen sind zu einer Zeit, da man sowieso üppig isst, genau das Richtige. Verzagen Sie nicht, wenn Sie schon einmal einem flinken Sushi-Koch bei der Arbeit zugesehen haben. Auch Sie bringen leicht diese dekorativen Bissen auf den Fächern zustande. Fast alle Zutaten sind überall zu bekommen. Die Nori-Blätter (aus japanischen Speisealgen) können eventuell durch Scheiben von Räucherlachs ersetzt werden.

Sushi-Reis

115 g Rundkornreis
235 ml Wasser
4–6 EL Puderzucker
4–6 EL Reisessig
2 EL fein gehackte Ingwerwurzel
2 EL fein gehackter Knoblauch

Den Reis mit dem Wasser zugedeckt zum Kochen bringen. Über geringer Hitze 10–15 Minuten garen, bis der Reis die Flüssigkeit aufgesogen hat und die Reiskörner zusammenkleben. Den heissen Reis mit Puderzucker, Essig, Ingwer und Knoblauch würzen und zu Shushi formen.

Sushi-Boote

Drücken Sie Sushi-Reis in kleine ovale Häufchen. Nori-Blätter in Streifen von 20 × 4 cm schneiden. Die Streifen quer halbieren, anfeuchten und die Reisovale daraufsetzen. Die Nori-Streifen um den Reis legen und an den Enden zusammenkneifen (die feuchten Streifen kleben zusammen). Mit echtem oder mit Lachskaviar füllen.

Räucherlachs-Kugeln

Kleine quadratische Scheiben von Räucherlachs auf etwas grössere Quadrate aus Frischhaltefolie breiten. Sushi-Reis zu kleinen Kugeln rollen und auf den Lachs legen. Die Plastikfolie um Lachsscheibe und Reiskugel zusammendrehen. Die Kugeln kühl stellen. Wenn sie fest sind, die Folie entfernen und mit Wasabi- oder Ingwerpaste, Rettichstreifen und Salatblättern garnieren.

Räucherlachs-Sushi

Zarte grüne Bohnen, Frühlingszwiebeln und Sushi-Reis in Lachsscheiben sehen nicht nur köstlich aus, sondern schmecken auch so.

Vegetarische Sushi

Maiskölbchen, zarte grüne Bohnen und rote Paprikastreifen in Sushi-Reis, in ein Nori-Blatt gehüllt (siehe unten), mit einer Garnitur von Zitronenzesten und essbaren Blättern.

Nori-Gravedlachs-Sushi

Eine Hülle von Nori und Gravedlachs umgibt Sushi-Reis, grüne Bohnen und zarte Karotten (siehe rechts). Mit Würzzutaten wie Meerrettich und Sojasauce servieren.

Arbeitsanleitung

Ein 20 × 18 cm grosses Nori-Blatt mit der glänzenden Seite nach unten auf ein Stück Frischhaltefolie legen. Mit Wasser befeuchten, damit es weich wird. Sushi-Reis gleichmässig aufstreichen, dabei an den Längsseiten je einen 2,5 cm breiten Rand frei lassen. Dünne Streifen blanchiertes Gemüse oder marinierten Fisch als Längsstreifen in die Mitte legen. Die unbelegten Ränder des Nori-Blattes nochmals anfeuchten. Mit Hilfe der Frischhaltefolie das Nori-Blatt von einer Längsseite her aufrollen. Im Kühlschrank festwerden lassen. Danach in 2,5 cm dicke Scheiben schneiden und die Frischhaltefolie abziehen. Mit Sojasauce und Tupfern von Wasabi- und Ingwerpaste servieren.
Eine Rolle ergibt 8 Scheiben.

Julscheit

Einst wurde das heidnische Julfest zur Wintersonnenwende gefeiert. Am kürzesten Tag des Jahres wurde zum Höhepunkt des Festes ein riesiges Holzscheit, das Julscheit, ins Feuer geschoben. Dieser Tradition ist ein köstlicher Kuchen nachempfunden. Eigentlich ist es eine Biskuitroulade, reich gefüllt und dick überzogen mit einer Schokoladencreme. Die leichtere Alternative ist ein geeister Mokkamousse-Kuchen, der mit einer heissen Mokkabaisermasse überzogen wird. Zuerst wird der Mousse-Kuchen gemacht und, während er sich im Tiefkühlgerät befindet, werden die Baiser-Pilze gebacken, die etwa zwei Stunden brauchen. Die Baisermasse für den Überzug wird erst kurz vor dem Überbacken zubereitet. (Das Julscheit muss sofort gegessen werden, wenn es aus dem Ofen kommt.)

Im Moosbett

Ein Moosbett aus silbrigem Islandmoos bietet sich als natürliche Dekoration für dieses Julscheit an. Leuchtende Beeren, Tannenzapfen und herbstliche Blätter sowie Pilze aus Baisermasse sind dazwischengestreut. Der Kuchen und die Pilze können bereits zwei Wochen vorher gebacken werden.

Zutaten

Mousse-Kuchen
85 g Butter
85 g Zucker
3 Eier
85 g Kakaopulver
180 ml Espresso
60 g gemahlene Mandeln
2 Eiweiss
Baisermasse
4 Eiweiss
2 TL Instantkaffee
170 g Puderzucker
60 g geschmolzene Schokolade
Kakaopulver zum Bestäuben

Zubereitung

Für den Kuchen die Butter mit dem Zucker in einer grossen Schüssel cremig rühren. Die drei ganzen Eier nacheinander hineinrühren. In einer kleinen Schale das Kakaopulver mit dem Espresso verrühren. Zusammen mit den gemahlenen Mandeln in die Eimasse geben. Die beiden Eiweiss steif schlagen und unter die Masse heben. Eine 23 × 13 cm grosse Kastenform fetten und mit gefettetem Pergamentpapier auslegen. Die Masse einfüllen und im 175 °C heissen Ofen 30 Minuten backen. Nach dem Abkühlen den Kuchen stürzen und das Papier vorsichtig abziehen. Den Kuchen tiefgefrieren.

Für die Baiser-Pilze 1 Eiweiss mit 1/2 TL Instantkaffeepulver zu weichem Schnee schlagen, 45 g Puderzucker einrieseln lassen und den Schnee steif schlagen. In einen Spritzsack mit glatter 1,3-cm-Tülle geben. Auf ein mit Backtrennpapier ausgelegtes Blech Kreise für die Hüte und Streifen für die Stiele spritzen. Bei 95 °C zwei Stunden trocknen lassen. Die Hüte mit geschmolzener Schokolade auf die Stiele kleben und leicht mit Kakao bestäuben.

Für den Baiser-Überzug die restlichen 3 Eiweiss zusammen mit dem restlichen Instantkaffee und Puderzucker steif schlagen.

Den geeisten Mousse-Kuchen auf ein Backblech setzen und dick mit der Baisermasse bestreichen. Dabei mit einem kleinen Messer ein rindenartiges Muster in die Masse ziehen. Bei 220 °C 8 Minuten backen. Den Kuchen ins Moosbett setzen und sofort servieren. Für 8 Personen.

Fruchtiger Savarin

Wenn Sie nach einem wirklich spektakulären Nachtisch suchen, hier ist er! Dieser lockere Hefekranz ist mit Rumsirup getränkt und überreichlich mit zuckrigen, pochierten und kandierten Früchten gefüllt. Frische Früchte, gezuckerte Minzblättchen und Blüten sind das schmükkende Beiwerk. Der Savarin sieht so phantastisch aus, dass es einem fast leid tut, ihn anzuschneiden. Wenn jedoch der erste Schnitt getan ist, lässt sich keiner der Gäste lange bitten.

Frucht-Savarin

Für den Kuchen

15 g frische Hefe
4 EL Zucker
300 ml lauwarme Milch
450 g doppelgriffiges Mehl
1 TL Salz
6 Eier
170 g zerlassene Butter

Für den Sirup

600 ml Wasser
450 g Zucker
200 ml Rum oder Kirsch

Für die Garnitur

Pochierte Birnen (siehe rechts oben)
Frische Früchte
Kandierte Früchte (siehe Seite 38–39)
Gezuckerte Blüten und Minzblätter (siehe Seite 82–83)
Karamel-Profiteroles und -Nüsse (siehe Seite 89)

Die Hefe mit dem Zucker und der Milch verrühren. Das Mehl hineinsieben, das Salz zufügen und die Eier nacheinander einrühren.
In eine mit Speiseöl gefettete Schüssel geben. An einem warmen Ort zugedeckt eine Stunde gehen lassen, bis sich das Volumen verdoppelt hat. Danach die zerlassene Butter einarbeiten. Etwa 7 Minuten kräftig rühren, bis der Teig glatt und elastisch ist. Eine Ringform von 31cm Durchmesser mit Butter ausstreichen und mit Mehl bestäuben. Den Teig hineingeben und zugedeckt an einem warmen Ort weitere 45 Minuten gehen lassen. Bei 190 °C 35 Minuten backen.

Inzwischen das Wasser mit dem Zucker 20 Minuten auf grosser Flamme zu hellem Sirup kochen. Etwa 5 Minuten abkühlen lassen, danach den Alkohol einrühren. Den Savarin aus dem Ofen nehmen. Nach einigen Minuten durch leichtes Schütteln von den Wänden der Form lösen. Mit einem dünnen Metallspiess mehrfach einstechen und den Kranz in der Form mit der Hälfte des heissen Sirups übergiessen. Nach dem Erkalten stürzen, füllen und garnieren. Den restlichen Sirup getrennt dazu reichen. Für 16 Portionen.

In Rotwein pochierte Birnen

1 Flasche Beaujolais
450 g Zucker
6 Gewürznelken
10 mittelgrosse, feste Birnen
3 Tropfen rote Lebensmittelfarbe
3 EL Crème de mûre oder Crème de Cassis (Brombeer- oder Schwarzer-Johannisbeer-Likör)

Den Wein mit dem Zucker und den Nelken in einem grossen Topf zum Kochen bringen. Die Birnen schälen (die Stiele nicht entfernen) und sofort in den Sirup legen. Auf kleiner Flamme 15–20 Minuten pochieren, bis die Birnen glasig aussehen und gerade weich sind. Nach dem Abkühlen die Lebensmittelfarbe und den Likör einrühren. Über Nacht ziehen lassen. Danach die Birnen herausheben. Den Sirup um etwa ein Drittel einkochen lassen und anschliessend die Birnen damit überziehen.

Festliche Früchte

Ein üppiger, rumgetränkter Savarin, überhäuft mit köstlichen Früchten, ist die Krönung eines festlichen Weihnachtsessens.

SCHABLONEN

Mit Hilfe eines Fotokopierers lassen sich diese Schablonen auf die gewünschte Grösse bringen. Die Vergrösserungen dienen als Schnittmuster.

Weihnachtsketten

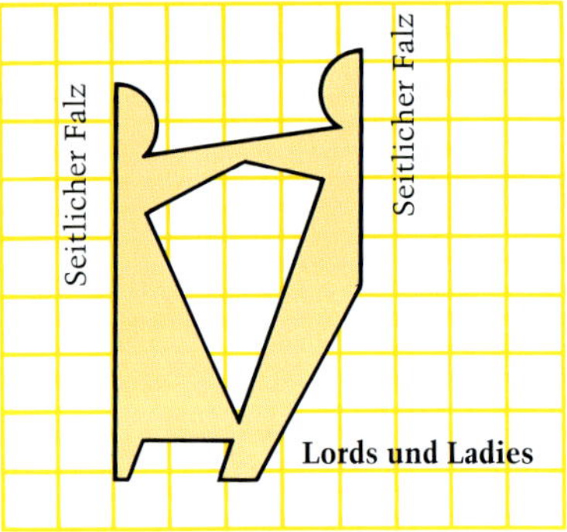

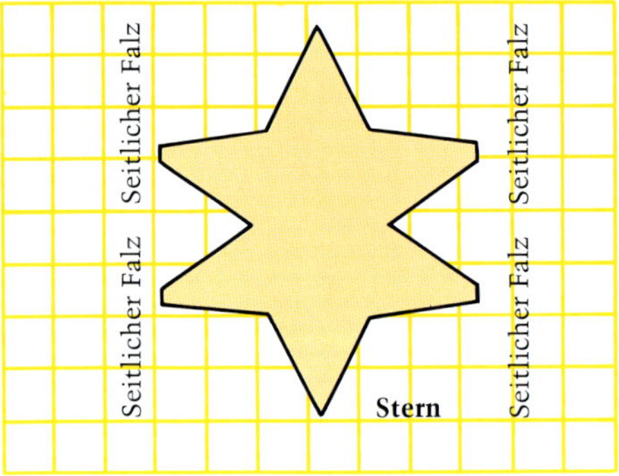

Die Schablone vergrössern, bis sie 9 cm Höhe hat. Auf ein Ende eines 61 × 9 cm langen Streifens aus dünnem Papier aufkleben. Das Papier in Schablonenbreite in Falten legen. Die Form ausschneiden, dabei die Seiten nicht aufschneiden. Danach zur Kette auseinanderfalten.

Papierblumen

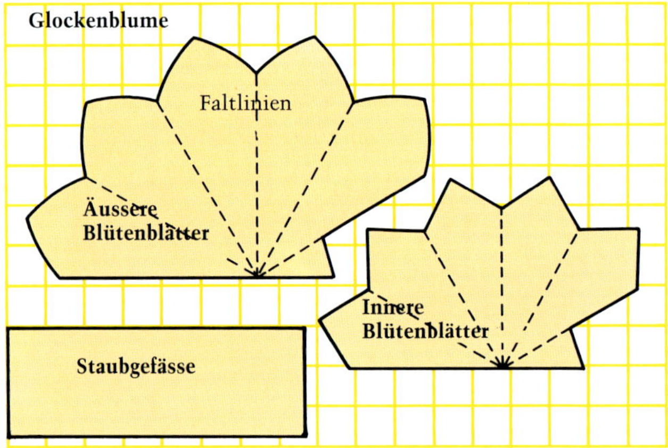

Glockenblume
Die Schablonen auf die gewünschte Grösse bringen und ausschneiden. Auf dünnen Karton auflegen, die Umrisse darauf übertragen und ausschneiden.

Rose
Die Schablonen auf die gewünschte Grösse bringen und ausschneiden. Auf Kreppapier legen und ausschneiden.

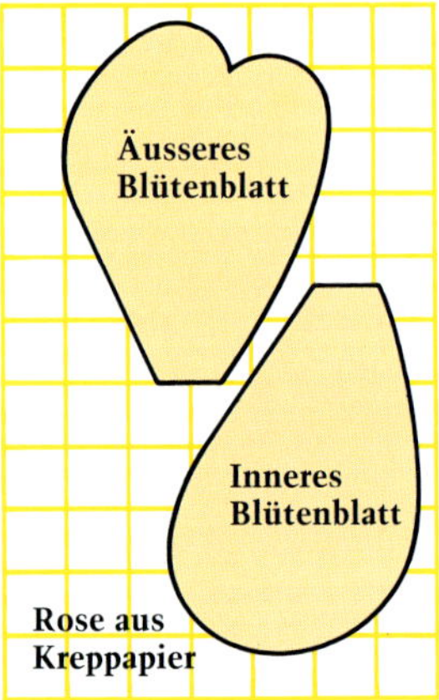

Papierherz

Die Schablone auf die gewünschte Grösse bringen und ausschneiden. Auf die nicht beschichtete Seite von Metallpapier legen und die Form ausschneiden. Dasselbe mit einem zweiten Metallpapier wiederholen.

Geschenkschachteln

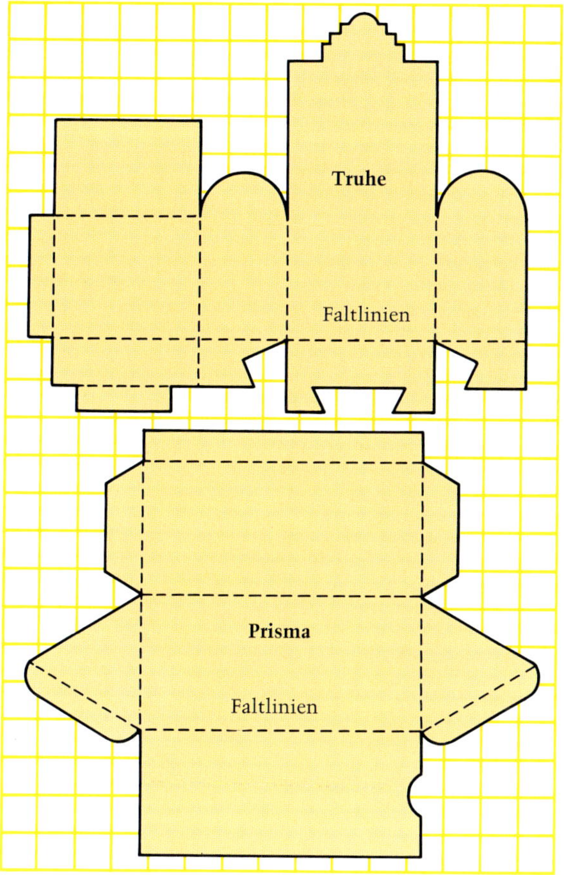

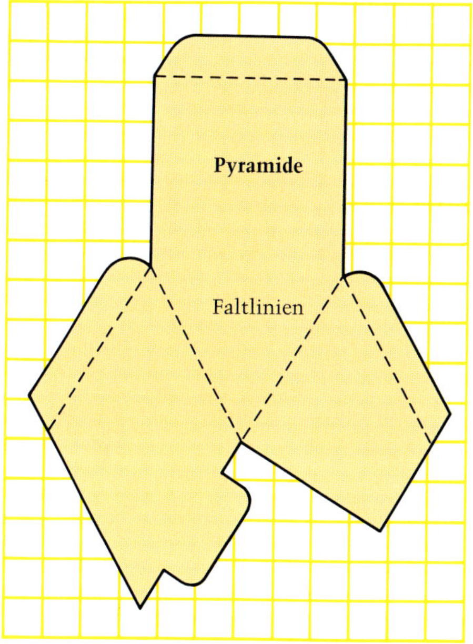

Die Schablonen auf die gewünschte Grösse bringen und ausschneiden. Auf einen Bogen mittelfesten Kartons legen und die Umrisse übertragen. Die Schablonen entfernen. Ein dekorativ gemustertes Stück Papier auf die Rückseite der Bogen kleben. Danach die Umrisse ausschneiden. In den Faltlinien falzen. Zu Schachteln falten und an den Laschen zusammenkleben.

Stiefel

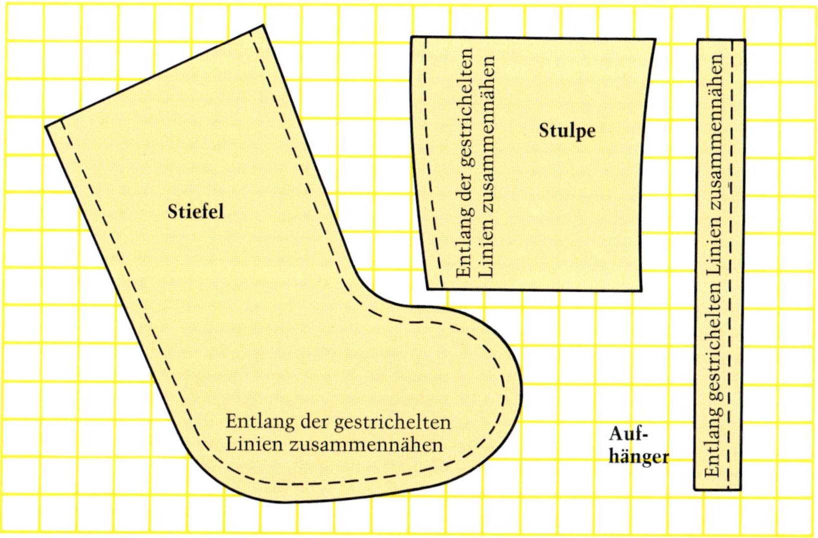

Die Stiefel-Schablone auf 60 × 30 cm, die Stulpen-Schablone auf 25 × 15 cm und die Aufhänger-Schablone auf 20 × 5 cm vergrössern. Die Schablonen auf Pauspapier übertragen und ausschneiden.

REGISTER